Duden

Deutsche Grammatik

Erarbeitet von der Dudenredaktion auf der Grundlage des Titels »Der kleine Duden – Deutsche Grammatik« von Ursula und Rudolf Hoberg

KOMPAKT

Dudenverlag
Mannheim · Leipzig · Wien · Zürich

Die **Duden-Sprachberatung** beantwortet Ihre Fragen
zu Rechtschreibung, Zeichensetzung, Grammatik u. Ä.
montags bis freitags zwischen 08:00 und 18:00 Uhr.
Aus Deutschland: 09001 870098 (1,86 € pro Minute aus dem Festnetz)
Aus Österreich: 0900 844144 (1,80 € pro Minute aus dem Festnetz)
Aus der Schweiz: 0900 383360 (3,13 CHF pro Minute aus dem Festnetz)
Die Tarife für Anrufe aus den Mobilfunknetzen können davon abweichen.
Unter www.duden-suche.de können Sie mit einem Online-Abo
auch per Internet in ausgewählten Dudenwerken nachschlagen.
Den Newsletter der Duden-Sprachberatung können Sie unter
www.duden.de/newsletter abonnieren.

Bibliografische Information der Deutschen Nationalbibliothek
Die Deutsche Nationalbibliothek verzeichnet diese Publikation in der
Deutschen Nationalbibliografie; detaillierte bibliografische Daten
sind im Internet über http://dnb.ddb.de abrufbar.

Redaktion: Dr. Kathrin Kunkel-Razum
Herstellung: Monika Schoch
Typografie: Horst Bachmann
Einbandgestaltung: Jürgen Sauerhöfer
Satz: Bibliographisches Institut AG
Druck und Einband: Neografia a. s., Slowakei
Printed in Slovakia
ISBN 978-3-411-74321-6
www.duden.de

Inhalt

Die Form der Wörter

Neben unveränderlichen Wörtern *(und, auf, über, bis …)* gibt es eine große Anzahl von Wörtern, die sich je nach ihrer Funktion im Satzzusammenhang in ihrer Form verändern können. Diese Formveränderung nennt man **Flexion (Beugung).** Die Flexion wird unterteilt in **Deklination, Konjugation** und **Steigerung (Komparation).**

Deklination

Dekliniert werden Substantive, Adjektive, Artikel, Pronomen nach Zahl (Numerus: Einzahl, Mehrzahl) und Fall (Kasus: Nominativ, Genitiv, Dativ, Akkusativ), außerdem Substantive auch nach grammatischem Geschlecht (Genus: männlich, weiblich, sächlich).	*das alte Schloss* *des alten Schlosses* *dem alten Schloss* *das alte Schloss*	*die alten Schlösser* *der alten Schlösser* *den alten Schlössern* *die alten Schlösser*

Konjugation

Konjugiert werden Verben nach Person, Zahl, Zeit, Aussageweise und Handlungsart (Aktiv, Passiv).	*ich sage* *du sagst* *er/sie/es sagte*	*wir werden sagen* *ihr sagtet* *sie hätten gesagt* *es wird gesagt*

Steigerung

Die Steigerung ist eine besondere Art der Formveränderung bei Adjektiven (und einigen Adverbien). Es gibt drei Steigerungsstufen: Positiv (Grundstufe), Komparativ (Höherstufe), Superlativ (Höchststufe).	*kühl* *kühler* *der kühlste [Tag]*	*viel* *mehr* *am meisten*

Der Aufbau der Wörter

Wörter setzen sich meist aus Wortteilen (Morphemen) zusammen. Man unterscheidet: Stamm, Vorsilbe (Präfix), Nachsilbe (Suffix), Flexionsendung. Viele Wortteile kommen nicht für sich allein vor; sie haben aber doch eine eigene Bedeutung, mit der sie zur Gesamtbedeutung eines Wortes beitragen.

Vorsilbe(n)	Stamm	Nachsilbe	Flexionsendung
un	*klar*		
	Klar	*heit*	
	klär		*t*
Ver	*klär*	*ung*	
un-er	*klär*	*lich*	*e*

Wortbildung

Aus einem Grundbestand aus Wörtern und Wortteilen können nach bestimmten Regeln oder Mustern neue Wörter gebildet werden. Man unterscheidet zwei Hauptarten von Wortbildung, die **Zusammensetzung (Komposition)** und die **Ableitung (Derivation).**

1. Zusammensetzung (Kompositum, Pl. Komposita)

Ein zusammengesetztes Wort besteht aus zwei oder mehreren selbstständig vorkommenden Wörtern, gewöhnlich aus einem Grundwort und einem vorangehenden Bestimmungswort.

Tisch-bein *Hunde-futter*
heim-gehen *wasser-dicht*

2. Ableitung (Derivat, Pl. Derivate)

Eine Ableitung besteht aus einem selbstständig vorkommenden Wort (bzw. seinem Stamm) und einem oder mehreren unselbstständigen Wortteilen.

er-kennen *ur-alt*
Mess-ung *lieb-lich*

Wörter und Wortarten

Wortarten

Wörter lassen sich anhand bestimmter Merkmale in Klassen einteilen, die man Wortarten nennt:

Wortart	Merkmale			
	der Form	der Verwendung im Satz		der Bedeutung
Verb	**flektierbar:** *Konjugation*	**Rolle:** **Verteilung:**	*v. a. Prädikat (Satzaussage)* *in Übereinstimmung mit dem Subjekt (Personalform)*	*Zustände, Vorgänge, Tätigkeiten, Handlungen*
Substantiv	**flektierbar:** *Deklination*	**Rolle:** **Verteilung:**	*Subjekt (Satzgegenstand), Objekt (Ergänzung), adverbiale Bestimmung (Umstandsangabe), Attribut (Beifügung)* *mit Artikel*	*Lebewesen, Sachen (Dinge), Begriffe (Abstrakta)*
Adjektiv	**flektierbar:** *Deklination (Steigerung)*	**Rolle:** **Verteilung:**	*Attribut (Beifügung), adverbiale Bestimmung (Umstandsangabe)* *mit Substantiv bzw. Verb*	*Eigenschaften, Merkmale*
Artikel, Pronomen	**flektierbar:** *Deklination*	**Rolle:** **Verteilung:**	*Attribut (Beifügung) oder selbstständig* *mit Substantiv oder anstelle eines Substantivs*	*Verweis, nähere Bestimmung*
Adverb	**nicht flektierbar**	**Rolle:** **Verteilung:**	*Umstandsangabe oder Attribut (Beifügung)* *mit Verb bzw. Adjektiv*	*nähere Umstände*
Präposition	**nicht flektierbar**	**Rolle:** **Verteilung:**	*Bestimmung des Kasus (Falls)* *mit Substantiven oder Pronomen*	*Verhältnisse, Beziehungen*

Konjunktion	**nicht flektierbar**	**Rolle:**	*Verbindung, Einleitung, Unterordnung*	*Verknüpfung im logischen, zeitlichen, begründenden, modalen u. ä. Sinn*
		Verteilung:	*zwischen Sätzen, innerhalb von Satzgliedern und Attributen*	
Interjektion	**nicht flektierbar**	*gewöhnlich syntaktisch isoliert; dialogsteuernde und gliedernde Funktion*		*Empfindungen, Gefühle, Stellungnahmen*

Verben (Tätigkeitswörter, Tu[n]wörter, Zeitwörter)

Neben einfachen Verben *(kommen, nehmen ...)* gibt es viele Verben mit Vorsilben *(bekommen, teilnehmen ...);* bestimmte Vorsilben sind abtrennbar (*nahm ... teil:* trennbare Verben), andere sind immer fest mit dem Verb verbunden (*bekam:* untrennbare Verben). Verben werden nach ihrer Bedeutung und Funktion in verschiedene Klassen eingeteilt:

Bedeutungsgruppen:	
1. Zustandsverben	*Claudia ist krank. Der Schaden beträgt 3 000 EUR.*
2. Vorgangsverben	*Ich konnte nicht einschlafen. Er ist spät aufgewacht.*
3. Tätigkeitsverben	*Der Fahrer wollte abbiegen. Die Kinder spielen.*

Vollverben

Vollverben sind alle Verben, die allein im Satz vorkommen können.	*Sie liebt ihn. Der Fahrer übersah den entgegenkommenden Bus. Der Unfall forderte zwei Verletzte.*

Hilfsverben *(haben, sein, werden)*

Hilfsverben kommen zusammen mit einem Vollverb vor und dienen dazu, bestimmte Zeitformen (*haben, sein:* Perfekt, Plusquamperfekt; *werden:* Futur) und das Passiv *(werden)* zu bilden.

Die Kinder haben geschlafen/ sind aufgewacht, hatten geschlafen/ waren aufgewacht, werden schlafen; werden/wurden geweckt.

Haben, sein und *werden* können auch selbstständig, als Vollverben, auftreten.

Ich habe keine Zeit. Gestern waren wir im Kino. Er wird Ingenieur. Werde bald wieder gesund.

Modalverben

Modalverben drücken in Verbindung mit einem Vollverb im Infinitiv aus, dass etwas möglich, notwendig, gewollt, erlaubt, gefordert ist.

Können wir uns morgen treffen? Ich muss den Termin absagen. Wir möchten/ wollen ins Kino gehen. Darf ich rauchen? Wir sollen uns gedulden.

Modifizierende Verben

Modifizierende Verben wandeln in Verbindung mit einem Vollverb im Infinitiv mit *zu* dessen Inhalt ab.

Er drohte (war im Begriff) zu ertrinken. Es schien (hatte den Anschein) zu glücken. Auf dem Foto war nichts zu erkennen (konnte man nichts erkennen). Ich habe noch zu arbeiten (muss noch arbeiten).

Funktionsverben

Funktionsverben verlieren in Verbindung mit bestimmten Substantiven ihre eigentliche Bedeutung. Die Verbindungen mit einem Funktionsverb **(Funktionsverbgefüge)** stehen gewöhnlich als Umschreibung für ein einfaches Verb: zur Aufführung bringen = aufführen.

zum Abschluss bringen
zur Verteilung gelangen
zur Anwendung kommen
in Erwägung ziehen

Persönliche und unpersönliche Verben

Persönliche Verben können in allen drei Personen gebraucht werden.	*Ich laufe. Du lachst. Sie arbeitet.*
Unpersönliche Verben können nur mit *es* verbunden werden. Bei übertragenem Gebrauch können sie auch ein anderes Pronomen oder Substantiv bei sich haben.	*Es regnet/nieselt/donnert/blitzt/schneit.* *Die Küche blitzt vor Sauberkeit.*

Reflexive Verben

Echte reflexive Verben treten immer mit einem Reflexivpronomen, das sich auf das Subjekt des Satzes bezieht, auf.	*Ich schäme mich. Freust du dich nicht?* *Sie schafft sich ein Auto an.*	
Unechte reflexive Verben können statt mit einem Reflexivpronomen auch mit einem Substantiv oder Pronomen gebraucht werden.	*(Reflexiv:)* *(Nicht reflexiv:)*	*Sie wäscht sich.* *Sie wäscht das Kind/es.*

Transitive und intransitive Verben

Verben, die eine Akkusativergänzung haben und von denen ein Passiv gebildet werden kann, nennt man transitive (»zielende«) Verben. Alle anderen Verben nennt man intransitive (»nicht zielende«) Verben.	*Die Feuerwehr löschte den Brand.* *(Passiv:) Der Brand wurde von der Feuerwehr gelöscht.*

Das Verb und seine Ergänzungen

Jedes Verb fordert (»regiert«) eine bestimmte Anzahl und Art von Ergänzungen. Diesen Sachverhalt bezeichnet man als Wertigkeit (Valenz) des Verbs. Man unterscheidet vor allem:

■ Verben, die nur ein Subjekt haben;	*Das Baby schläft. Die Sonne scheint.*
■ Verben mit Subjekt und Akkusativergänzung;	*Er repariert sein Auto. Sie liest einen Roman.*

■ Verben mit Subjekt und Dativergänzung;	*Das Buch gehört mir. Sie dankte den Rettern.*
■ Verben mit Subjekt, Dativ- und Akkusativergänzung;	*Sie schenkt ihm ein Buch.*
■ Verben mit Subjekt und Genitivergänzung;	*Sie gedachten der Toten.*
■ Verben mit Subjekt und Präpositionalergänzung;	*Inge achtete auf ihre Schwester.*
■ Verben mit Subjekt und Prädikativergänzung;	*Er wird Maurer. Sie ist intelligent.*
■ Verben mit Subjekt und Raum- oder Zeitergänzung.	*Er wohnt in Köln/fährt nach Köln.* *Die Sitzung dauerte zwei Stunden.*

Die Konjugation

Die wichtigsten Unterschiede in der Konjugation der Verben bestehen in den Formen des Präteritums und des Partizips II. Nach den Bildungsweisen dieser beiden Formen unterscheidet man:

	Stammformen		
	Infinitiv	**1. Pers. Sg. Prät.**	**Partizip II**
1. regelmäßige (»schwache«) Konjugation: Bei den schwachen Verben bleibt der Stammvokal in allen Formen gleich; das Präteritum wird mit *-t-* zwischen dem Stamm und den Endungen gebildet, das Partizip II mit der Vorsilbe *ge-* und mit der Endung *-t*.	*sagen*	*sagte*	*gesagt*
	lieben	*liebte*	*geliebt*
2. unregelmäßige (»starke«) Konjugation: Bei den starken Verben wechselt der Stammvokal (Ablaut); das Partizip II wird mit der Vorsilbe *ge-* und mit der Endung *-en* gebildet.	*reiten*	*ritt*	*geritten*
	sprechen	*sprach*	*gesprochen*
	binden	*band*	*gebunden*
	werfen	*warf*	*geworfen*

Bei einigen Verben verändert sich auch der auf den Stammvokal folgende Konsonant.	*ziehen*	*zog*	*gezogen*
	stehen	*stand*	*gestanden*
Eine weitere Gruppe der unregelmäßigen Verben hat im Präteritum und Partizip II Vokal- (und Konsonanten)wechsel, wird aber in den Endungen regelmäßig konjugiert.	*brennen*	*brannte*	*gebrannt*
	denken	*dachte*	*gedacht*
	bringen	*brachte*	*gebracht*

Verbformen

1. Personalform:
Verbformen, die in Person und Zahl mit dem Subjekt übereinstimmen, heißen Personalformen (finite Verbformen, konjugierte Verbformen). Person und Zahl werden durch Endungen (Personalendungen) angezeigt, die an den Verbstamm angefügt werden. Die Personalform des Verbs gibt Auskunft über:

1. die Person;	*1., 2., 3. Person*	*Wer tut etwas?*
2. die Zahl (Numerus);	*Singular, Plural*	*Wie viele tun etwas?*
3. die Zeit (Tempus);	*Präsens, Perfekt, Präteritum, Plusquamperfekt, Futur I/II*	*Wann geschieht etwas?*
4. die Handlungsart (Genus Verbi);	*Aktiv*	*Tut die Person etwas?*
	Passiv	*Wird etwas getan?*
5. die Aussageweise (Modus).	*Indikativ*	*Geschieht etwas wirklich?*
	Konjunktiv	*Ist es möglich, dass etwas geschieht?*
	Imperativ	*Aufforderung, etwas zu tun*

2. Infinitiv und Partizip:
Der Infinitiv (Grund- oder Nennform) besteht aus dem Verbstamm und der Endung *-en* oder (bei Verben auf *-el, -er*) *-n* (komm-en, les-en, dunkel-n, kletter-n). Der Infinitiv steht:

■ in Verbindung mit anderen Verben (vor allem mit dem Hilfsverb *werden* und Modalverben);	*Ich muss* abreisen. *Er scheint noch nicht ganz wach zu* sein. *Wann werden wir uns* wiedersehen?
■ als Satzglied oder als Attribut zu einem Substantiv.	*Satzglied:* Reisen *bildet den Menschen.* *Attribut: Unser Entschluss* abzureisen *stand fest.*
■ Hängen von einem Infinitiv andere Wörter oder Wortgruppen ab, liegt eine **Infinitivgruppe** (erweiterter Infinitiv) vor.	Dieses Problem zu lösen *ist schwierig. Er nahm sich vor,* im neuen Jahr ein besserer Mensch zu werden.

Infinitiv oder Partizip II

Manche Verben, die mit einem anderen Verb im Infinitiv verbunden werden, ersetzen die Form des Partizips II durch den Infinitiv (immer bei Modalverben und *brauchen*).	*Das hätte er mir auch schreiben* können *(nicht:* gekonnt*).* *Sie hätte sich besser vorbereiten* sollen. *Wir haben nicht lange zu warten* brauchen.

Partizip I (Mittelwort I)

Bildung: Infinitiv + *-d*	*kommen-*d, *weinen-*d, *blühen-*d;	
Gebrauch: als Attribut zu einem Substantiv oder als Artangabe	*Attribut:*	*ein* weinendes *Kind*
	Artangabe:	*Das Kind lief* weinend *zur Mutter.*

Partizip II (Mittelwort II)

Bildung: In der Regel erhält es die Vorsilbe *ge-; ge-* entfällt bei untrennbaren Verben, Verben auf *-ieren, -eien* u. a. und bei Zusammensetzungen mit Verben dieser beiden Gruppen.	*stellen – gestellt, arbeiten – gearbeitet, brechen – gebrochen, bestellen – bestellt, verarbeiten – verarbeitet, zerbrechen – zerbrochen, studieren – studiert, prophezeien – prophezeit, vorbestellen – vorbestellt*
Bei trennbaren Verben tritt *ge-* zwischen Vorsilbe und Verbstamm.	*vorstellen – vorgestellt, anbinden – angebunden*
Gebrauch: hauptsächlich in der Verbindung mit Hilfsverben (Zeitformen und Passiv)	*er hat* gesagt*/er hatte* gesagt *(Perf./ Plusqu.)* *er wird* gesagt *haben/es wird* gesagt *(Fut. II/ Passiv)*

Partizip II (Mittelwort II)		
als Attribut zu einem Substantiv	*Attribut:*	*ein geprügelter Hund*
oder als Artangabe	*Artangabe:*	*Sie dachte angestrengt nach.*
Partizipien, die nur noch als Adjektive empfunden werden, können auch Steigerungsformen bilden und in Verbindung mit *sein, werden* etc. als Prädikativergänzung dienen.	*Partizip I:* *Partizip II:*	*Die Reise war anstrengender, als ich dachte.* *Er ist gewandter geworden.* *Du hast immer die verrücktesten Ideen.*

Partizipialgruppe	
Hängen von einem Partizip andere Wörter oder Wortgruppen ab, liegt eine Partizipialgruppe (ein erweitertes Partizip) vor.	*der dem Prozess vorausgegangene Streit* *= der Streit, der dem Prozess vorausgegangen ist* *Laut lachend ging er aus dem Zimmer* *(= Er ging aus dem Zimmer, indem er laut lachte).*

Die sechs Zeitformen (Tempora) und ihr Gebrauch

1. Das Präsens	
Mit dem Präsens kann ausgedrückt werden:	
ein gegenwärtiges Geschehen;	*Wohin gehst du? Ich gehe nach Hause.*
eine allgemeine Gültigkeit;	*Zwei mal drei ist sechs.*
ein zukünftiges Geschehen;	*Morgen fliege ich nach Irland. Das bereut er noch.*
ein vergangenes Geschehen (historisches Präsens).	*Im Jahre 55 v. Chr. landen die Römer in Britannien.*

2. Das Präteritum	
Das Präteritum schildert ein Geschehen als vergangen oder in der Vergangenheit ablaufend; es dient auch der Kennzeichnung unausgesprochener Gedanken (»erlebte Rede«).	*Es war einmal ein König, der hatte drei Töchter.* *Im Jahre 44 v. Chr. wurde Cäsar ermordet.* *Er dachte angestrengt nach. Wie konnte das geschehen?*
3. Das Perfekt	
Das Perfekt wird gebildet mit den Präsensformen des Hilfsverbs *sein* oder *haben* und dem Partizip II; die meisten Verben (alle transitiven) bilden das Perfekt mit *haben*, intransitive Verben bilden das Perfekt teils mit *haben*, teils mit *sein*.	*Intransitive Verben, die einen Zustand oder ein Geschehen in seiner Dauer ausdrücken:* *Wir haben früher in Bochum gewohnt.* *Ich habe die ganze Nacht nicht geschlafen.* *Im Urlaub haben/sind wir viel geschwommen.* *Intransitive Verben, die eine Zustands- oder Ortsveränderung bezeichnen:* *Er ist nach Bochum gefahren.* *Erst gegen Morgen bin ich eingeschlafen.* *Einmal sind wir bis zu der Insel geschwommen.*
Das Perfekt dient der Darstellung eines abgeschlossenen Geschehens oder eines erreichten Zustandes, gelegentlich auch in der Zukunft.	*Es hat geschneit.* *Hast du das Buch gekauft?* *Sie sind gestern abgefahren.* *Morgen haben wir es geschafft.*
4. Das Plusquamperfekt	
Das Plusquamperfekt wird gebildet mit den Präteritumformen des Hilfsverbs *haben* oder *sein* und dem Partizip II; es dient der Darstellung eines abgeschlossenen Geschehens. In Verbindung mit dem Präteritum oder dem Perfekt drückt es aus, dass ein Geschehen zeitlich vor einem anderen liegt (Vorzeitigkeit; Vorvergangenheit).	*Ich hatte gespielt.* *Du warst gekommen.* *Er gestand, dass er das Buch gestohlen hatte.* *Als er kam, waren seine Freunde schon gegangen.* *Er hatte zwar etwas anderes vorgehabt, aber er hat uns trotzdem begleitet.*
5. Das Futur I	
Das Futur I wird gebildet mit den Präsensformen des Hilfsverbs *werden* und dem Infinitiv; es drückt aus:	*Ich werde lesen. Du wirst kommen.*

- eine Ankündigung, Voraussage;
- eine Absicht, ein Versprechen;
- eine nachdrückliche Aufforderung;
- eine Vermutung.

Nachts wird der Wind auffrischen.
Ich werde pünktlich da sein.
Du wirst das sofort zurücknehmen.
Er wird schon längst in Rom sein.

6. Das Futur II

Das Futur II wird gebildet mit den Präsensformen des Hilfsverbs *werden* und dem Infinitiv Perfekt; es dient der Darstellung eines Geschehens, das zu einem künftigen Zeitpunkt beendet sein wird (vollendete Zukunft), oder drückt eine Vermutung über ein vergangenes Geschehen aus.

Ich werde abgereist sein.
Bis morgen werde ich die Aufgabe erledigt haben.

Du wirst geträumt haben.
Es wird schon nicht so schlimm gewesen sein.

Die Aussageweise (Modus, Pl.: Modi)

Im Deutschen gibt es drei Aussageweisen. Sie werden durch bestimmte Verbformen angezeigt: **Indikativ (Wirklichkeitsform), Konjunktiv (Möglichkeitsform)** und **Imperativ (Befehlsform).**

Indikativ

Der Indikativ ist die Grund- oder Normalform sprachlicher Äußerungen. Er stellt einen Sachverhalt als gegeben dar.

Peter hat das Abitur bestanden und geht jetzt auf die Universität. Schnell sprang das Rotkäppchen aus dem Bauch des Wolfes und die Großmutter auch.

Konjunktiv

Nach Bildung und Verwendung unterscheidet man:

- Konjunktiv I, gebildet vom Präsensstamm des Verbs;
- Konjunktiv II, gebildet vom Präteritumstamm.

Konjunktiv I:	*er geh-e*
Indikativ Präsens:	*er geh-t*
Konjunktiv II:	*er ging-e*
Indikativ Präteritum:	*er ging*

Die *würde*-Form des Konjunktivs ist aus den Konjunktiv-II-Formen von *werden* und dem Infinitiv Präsens bzw. Perfekt gebildet.

er würde gehen/er würde gegangen sein

Der Gebrauch des Konjunktivs

Konjunktiv I als Ausdruck des Wunsches und der Aufforderung	
Selten; gewöhnlich nur noch in festen Formeln und Redewendungen und kaum noch in Anweisungstexten.	*Dem Himmel sei Dank! Er lebe hoch! Er ruhe in Frieden. Man nehme: ...*

Konjunktiv II als Ausdruck der Nichtwirklichkeit	
■ drückt aus, wenn etwas nur vorgestellt, nicht wirklich der Fall (»irreal«) ist;	*Stell dir vor, es wären Ferien, ...*
■ besonders häufig in »irrealen Bedingungssätzen«;	*Wenn er Zeit hätte, käme er mit.*
■ ebenso in »irrealen Vergleichssätzen«;	*Er rannte, als wenn es um sein Leben ginge.*
■ auch in höflichen Aufforderungen (in Form einer Frage) oder vorsichtigen Feststellungen.	*Hätten Sie einen Moment Zeit für mich? Ich würde sagen/meinen/dafür plädieren, ...*

Der Konjunktiv in der indirekten Rede

Der Konjunktiv ist das Hauptzeichen der indirekten Rede. In der indirekten Rede wird eine Äußerung vom Standpunkt des berichtenden Sprechers aus wiedergegeben. Sie wird meist durch ein Verb des Sagens (auch Fragens) oder Denkens oder durch entsprechende Substantive eingeleitet.

Konjunktiv I in der indirekten Rede

Die indirekte Rede sollte immer im Konjunktiv I stehen.
Die indirekte Rede steht immer in derselben Zeit wie die entsprechende direkte Rede.

Direkte Rede:		**Indirekte Rede:**
Kann ich ins Kino gehen?	*Sie fragt/fragte/wird fragen usw.,*	*ob sie ins Kino gehen könne.*
Ich habe nichts gesehen./ Ich sah nichts.	*Er behauptet/behauptete/wird behaupten usw.,*	*er habe nichts gesehen.*
Ich werde nicht auftreten.	*Er erklärt/erklärte/wird erklären usw.,*	*dass er nicht auftreten werde.*

Konjunktiv II in der indirekten Rede

Lautet der Konjunktiv I mit dem Indikativ gleich, wird in der indirekten Rede der Konjunktiv II verwendet, um Unklarheiten und Missverständnisse zu vermeiden.

Der Minister berichtete über den Verlauf der Verhandlungen: Die Partner hätten intensiv miteinander gesprochen; die Gespräche hätten zu guten Ergebnissen geführt.

Der Imperativ

Imperativ

- Drückt eine Aufforderung (Befehl, Verbot, Anweisung, Empfehlung, Rat, Wunsch, Bitte, Mahnung, Warnung) aus. Er tritt im Singular und im Plural und in der Höflichkeitsform mit *Sie* auf. Er wird gebildet vom Präsensstamm des Verbs und endet im Singular im Allgemeinen mit *-e*.

  Komm! Kommt! Kommen Sie!
  Beeil(e) dich! Putz(e) dir die Zähne!
  Halte/Haltet/Halten Sie das bitte fest!

- Einige starke Verben, die im Präsens zwischen *e* und *i (ie)* wechseln, bilden den Imperativ immer endungslos und mit dem Stammvokal *i (ie)*.

  Sprich (nicht: Sprech) lauter!
  Lies (nicht: Les) das!
  Hilf (nicht: Helf) mir!
  Aber:
  Werd (nicht: Wird) endlich vernünftig.

Aktiv und Passiv (Tat- und Leideform; Genus Verbi)

Die Verbformen **Aktiv** und **Passiv** drücken eine unterschiedliche Blickrichtung bzw. Handlungsart aus. Von allen Verben kann ein Aktiv gebildet werden, nicht jedoch von allen ein Passiv.

Aktiv

Im Aktiv wird das Geschehen von seinem Träger (»Täter«) her dargestellt.

Der Vorstand beschloss den Spielerkauf.
Die Mitschüler wählten ihn zum Klassensprecher.

Vorgangspassiv (*werden*-Passiv)	
Das Vorgangspassiv wird gebildet mit *werden* und dem Partizip II des betreffenden Verbs; es stellt den Vorgang (das Geschehen, die Handlung) in den Vordergrund; der Handelnde muss nicht immer genannt werden.	*Der Motor wurde von den Mechanikern ausgebaut.* *Die Fenster sind vom Hausmeister geöffnet worden.* *Die Rechnung wurde bezahlt.*
Zustandspassiv (*sein*-Passiv)	
Das Zustandspassiv wird gebildet mit den Formen von *sein* und dem Partizip II des entsprechenden Verbs; es drückt aus, dass ein Zustand besteht (als Folge eines vorausgegangenen Vorganges).	*Das Gelände ist von Demonstranten besetzt.* *Die Autobahn ist wegen Bauarbeiten gesperrt.* *Der Antrag ist bereits abgelehnt.*

Passivfähige Verben	
■ Passivfähig sind die meisten Verben mit einer Akkusativergänzung; die Akkusativergänzung (das Objekt) des Aktivsatzes wird im Passivsatz zum Subjekt; dem Subjekt des Aktivsatzes entspricht im Passivsatz ein Satzglied mit einer Präposition (in der Regel mit *von*).	*Die Behörde lehnte den Antrag ab.* *Der Antrag wurde von der Behörde abgelehnt.*
■ Von einigen Verben, die eine Akkusativergänzung haben, kann kein Passiv gebildet werden (*haben, besitzen, bekommen, kennen, wissen, enthalten* usw.).	*Sie hat eine neue Frisur (nicht möglich: Eine neue Frisur wird von ihr gehabt).*
■ Von den intransitiven Verben können nur bestimmte Tätigkeitsverben *(helfen, lachen, tanzen, feiern, sprechen)* ein unpersönliches Passiv bilden.	*Damit ist mir auch nicht geholfen.* *Gestern ist bei uns lange gefeiert worden.* *Es wurde viel gelacht.*

Andere passivartige Formen	
■ *bekommen/erhalten* + Part. II (Art des Vorgangspassivs)	*Sie bekam einen Blumenstrauß überreicht.* *Er erhielt ein winziges Zimmer zugeteilt.*
■ *sein* + Infinitiv mit *zu* (entspricht Vorgangspassiv mit *können* oder *müssen*)	*Der Motor war nicht mehr zu reparieren.* *Das Formular ist mit Bleistift auszufüllen.*
■ *sich lassen* + Infinitiv (entspricht Vorgangspassiv mit *können*)	*Die Uhr ließ sich nicht mehr aufziehen.*
■ Bestimmte Funktionsverbgefüge werden häufig anstelle eines Vorgangspassivs gebraucht.	*Nicht abgeholte Fundsachen kommen zur Versteigerung.*

Konjugationsmuster für das Aktiv

	1. *regelmäßige (schwache) Konjugation*			**2.** *unregelmäßige (starke) Konjugation*		
	Indikativ	**Konjunktiv**	**Konjunktiv II**	**Indikativ**	**Konjunktiv**	**Konjunktiv II**
Präsens	*ich frag-e du frag-st er sie frag-t es wir frag-en ihr frag-t sie frag-en*	*ich frag-e du frag-est er sie frag-e es wir frag-en ihr frag-et sie frag-en*		*ich komm-e du komm-st er sie komm-t es wir komm-en ihr komm-t sie komm-en*	*ich komm-e du komm-est er sie komm-e es wir komm-en ihr komm-et sie komm-en*	
Präteritum	*ich frag-t-e du frag-t-est er sie frag-t-e es wir frag-t-en ihr frag-t-et sie frag-t-en*		*ich frag-t-e du frag-t-est er sie frag-t-e es wir frag-t-en ihr frag-t-et sie frag-t-en*	*ich kam du kam-st er sie kam es wir kam-en ihr kam-t sie kam-en*		*ich käm-e du käm-(e)st er sie käm-e es wir käm-en ihr käm-(e)t sie käm-en*
Perfekt	*ich habe gefragt du hast gefragt er sie hat gefragt es wir haben gefragt ihr habt gefragt sie haben gefragt*	*ich habe gefragt du habest gefragt er sie habe gefragt es wir haben gefragt ihr habet gefragt sie haben gefragt*		*ich bin gekommen du bist gekommen er sie ist gekommen es wir sind gekommen ihr seid gekommen sie sind gekommen*	*ich sei gekommen du sei(e)st gekommen er sie sei gekommen es wir seien gekommen ihr seiet gekommen sie seien gekommen*	
Plusquamperfekt	*ich hatte gefragt du hattest gefragt er sie hatte gefragt es wir hatten gefragt ihr hattet gefragt sie hatten gefragt*		*ich hätte gefragt du hättest gefragt er sie hätte gefragt es wir hätten gefragt ihr hättet gefragt sie hätten gefragt*	*ich war gekommen du warst gekommen er sie war gekommen es wir waren gekommen ihr wart gekommen sie waren gekommen*		*ich wäre gekommen du wär(e)st gekommen er sie wäre gekommen es wir wären gekommen ihr wär(e)t gekommen sie wären gekommen*
Futur I	*ich werde fragen du wirst fragen er sie wird fragen es wir werden fragen ihr werdet fragen sie werden fragen*	*ich werde fragen du werdest fragen er sie werde fragen es wir werden fragen ihr werdet fragen sie werden fragen*		*ich werde kommen du wirst kommen er sie wird kommen es wir werden kommen ihr werdet kommen sie werden kommen*	*ich werde kommen du werdest kommen er sie werde kommen es wir werden kommen ihr werdet kommen sie werden kommen*	
Futur II	*ich werde du wirst er sie wird gefragt haben es wir werden ihr werdet sie werden*	*ich werde du werdest er sie werde gefragt haben es wir werden ihr werdet sie werden*		*ich werde du wirst er sie wird gekommen sein es wir werden ihr werdet sie werden*	*ich werde du werdest er sie werde gekommen sein es wir werden ihr werdet sie werden*	

Infinitiv Präsens: *fragen*
Infinitiv Perfekt: *gefragt haben*
Partizip I: *fragend*
Partizip II: *gefragt*

Imperativ Singular: *frag[e]!*
Imperativ Plural: *fragt!*
Höflichkeitsform: *fragen Sie!*

Infinitiv Präsens: *kommen*
Infinitiv Perfekt: *gekommen sein*
Partizip I: *kommend*
Partizip II: *gekommen*

Imperativ Singular: *komm!*
Imperativ Plural: *kommt!*
Höflichkeitsform: *kommen Sie!*

Lautliche Besonderheiten:
e-Einschub vor der Endung bei Verben, deren Stamm auf *d* oder *t* ausgeht: du *find-e-st,* ihr *hielt-e-t,* und bei Verben, deren Stamm auf Konsonant + *m* oder *n* (außer *lm, ln, rm, rn*) endet: du *atm-e-st,* sie *rechn-e-t* (aber: du *lern-st,* du *qualm-st*)
s-Ausfall bei Verben, deren Stamm auf *s, ß, ss, x* oder *z* endet: reisen – du *reist,* mixen – du *mixt,* reizen – du *reizt;* das *s* bleibt erhalten, wenn der Verbstamm auf *sch* endet: du *wäschst,* du *herrschst*
e-Ausfall bei den Verben auf *-eln* und *-ern* in der 1. und 3. Person Plural Präsens: handeln – wir *handeln,* sie *handeln,* ändern – wir *ändern,* sie *ändern;* bei Verben auf *-eln* meist auch in der 1. Person Singular Präsens und im Imperativ Singular: ich *handle,* ich *lächle; handle!, lächle!;* bei Verben auf *-ern* bleibt das *e* gewöhnlich erhalten: ich *ändere,* ich *wandere; ändere!, wandere!*
Umlaut bei den meisten unregelmäßigen Verben mit dem Stammvokal *a, au* oder *o* in der 2. und 3. Person Singular Präsens: tragen – du *trägst,* er *trägt,* laufen – du *läufst,* er *läuft,* stoßen – du *stößt,* er *stößt*
e/i-Wechsel bei einer Reihe von unregelmäßigen Verben in der 2. und 3. Person Singular Präsens und im Imperativ Singular: geben – du *gibst,* er *gibt; gib!,* nehmen – du *nimmst,* er *nimmt; nimm!,* sehen – du *siehst;* er *sieht; sieh!*

Konjugationsmuster für das Passiv
In den folgenden vereinfachten Mustern ist nur die 3. Person Singular aufgeführt; die übrigen Personalformen können leicht ergänzt werden.

	1. *werden-Passiv*			2. *sein-Passiv*		
	Indikativ	**Konjunktiv I**	**Konjunktiv II**	**Indikativ**	**Konjunktiv I**	**Konjunktiv II**
Präsens	*er/sie/es wird gefragt*	*er/sie/es werde gefragt*		*er/sie/es ist gefragt*	*er/sie/es sei gefragt*	
Präteritum	*er/sie/es wurde gefragt*		*er/sie/es würde gefragt*	*er/sie/es war gefragt*		*er/sie/es wäre gefragt*
Perfekt	*er/sie/es ist gefragt worden*	*er/sie/es sei gefragt worden*		*er/sie/es ist gefragt gewesen*	*er/sie/es sei gefragt gewesen*	
Plusquamperfekt	*er/sie/es war gefragt worden*		*er/sie/es wäre gefragt worden*	*er/sie/es war gefragt gewesen*		*er/sie/es wäre gefragt gewesen*
Futur I	*er/sie/es wird gefragt werden*	*er/sie/es werde gefragt werden*		*er/sie/es wird gefragt sein*	*er/sie/es werde gefragt sein*	
Futur II	*er/sie/es wird gefragt worden sein*	*er/sie/es werde gefragt worden sein*		*er/sie/es wird gefragt gewesen sein*	*er/sie/es werde gefragt gewesen sein*	

Die Konjugation der Verben *haben, sein* und *werden* und der Modalverben
Die mehrgliedrigen Verbformen (Perfekt, Plusquamperfekt, Futur I, Futur II) werden nur beispielhaft (in der 3. Person Singular) aufgeführt.

	1. *haben*			2. *sein*		
	Indikativ	**Konjunktiv I**	**Konjunktiv II**	**Indikativ**	**Konjunktiv I**	**Konjunktiv II**
Präsens	ich habe du hast er sie hat es wir haben ihr habt sie haben	ich habe du habest er sie habe es wir haben ihr habet sie haben		ich bin du bist er sie ist es wir sind ihr seid sie sind	ich sei du sei(e)st er sie sei es wir seien ihr seiet sie seien	
Präteritum	ich hatte du hattest er sie hatte es wir hatten ihr hattet sie hatten		ich hätte du hättest er sie hätte es wir hätten ihr hättet sie hätten	ich war du warst er sie war es wir waren ihr wart sie waren		ich wäre du wär(e)st er sie wäre es wir wären ihr wär(e)t sie wären
Perfekt	er sie hat gehabt es	er sie habe gehabt es		er sie ist gewesen es	er sie sei gewesen es	
Plusquamperfekt	er sie hatte gehabt es		er sie hätte gehabt es	er sie war gewesen es		er sie wäre gewesen es
Futur I	er sie wird haben es	er sie werde haben es		er sie wird sein es	er sie werde sein es	
Futur II	er wird sie gehabt es haben	er werde sie gehabt es haben		er wird sie gewesen es sein	er werde sie gewesen es sein	

Infinitiv Präsens: *haben*
Infinitiv Perfekt: *gehabt haben*
Partizip I: *habend*
Partizip II: *gehabt*

Imperativ Singular: *hab[e]!*
Imperativ Plural: *habt!*
Höflichkeitsform: *haben Sie!*

Infinitiv Präsens: *sein*
Infinitiv Perfekt: *gewesen sein*
Partizip I: *seiend*
Partizip II: *gewesen*

Imperativ Singular: *sei!*
Imperativ Plural: *seid!*
Höflichkeitsform: *seien Sie!*

3. *werden*	Indikativ	Konjunktiv I	Konjunktiv II
Präsens	*ich werde* *du wirst* *er* *sie wird* *es* *wir werden* *ihr werdet* *ihr werdet*	*ich werde* *du werdest* *er* *sie werde* *es* *wir werden* *ihr werdet* *sie werden*	
Präteritum	*ich wurde* *du wurdest* *er* *sie wurde* *es* *wir wurden* *ihr wurdet* *sie wurden*		*ich würde* *du würdest* *er* *sie würde* *es* *wir würden* *ihr würdet* *sie würden*
Perfekt	*er* *sie ist geworden* *es*	*er* *sie sei geworden* *es*	
Plusquam-perfekt	*er* *sie war geworden* *es*		*er* *sie wäre geworden* *es*
Futur I	*er* *sie wird werden* *es*	*er* *sie werde werden* *es*	
Futur II	*er wird* *sie geworden* *es sein*	*er werde* *sie geworden* *es sein*	

Infinitiv Präsens: *werden*
Infinitiv Perfekt: *(ge)worden sein*
Partizip I: *werdend*
Partizip II: *(Vollverb:) geworden*
Partizip II: *(Hilfsverb:) worden*

Imperativ Singular: *werd[e]!*
Imperativ Plural: *werdet!*
Höflichkeitsform: *werden Sie!*

4. **Modalverben und** *wissen:*
Die mehrgliedrigen Formen werden mit *haben* (Perfekt, Plusquamperfekt) bzw. *werden* (Futur I, Futur II) gebildet.

		dürfen	können	mögen	müssen	sollen	wollen	wissen
Indikativ Präsens	*ich*	*darf*	*kann*	*mag*	*muss*	*soll*	*will*	*weiß*
	du	*darfst*	*kannst*	*magst*	*musst*	*sollst*	*willst*	*weißt*
	er *sie* *es*	*darf*	*kann*	*mag*	*muss*	*soll*	*will*	*weiß*
	wir	*dürfen*	*können*	*mögen*	*müssen*	*sollen*	*wollen*	*wissen*
	ihr	*dürft*	*könnt*	*mögt*	*müsst*	*sollt*	*wollt*	*wisst*
	sie	*dürfen*	*können*	*mögen*	*müssen*	*sollen*	*wollen*	*wissen*
Konjunktiv I	*ich*	*dürfe*	*könne*	*möge*	*müsse*	*solle*	*wolle*	*wisse*
	du	*dürfest*	*könnest*	*mögest*	*müssest*	*sollest*	*wollest*	*wissest*
	er *sie* *es*	*dürfe*	*könne*	*möge*	*müsse*	*solle*	*wolle*	*wisse*
	wir	*dürfen*	*können*	*mögen*	*müssen*	*sollen*	*wollen*	*wissen*
	ihr	*dürfet*	*könnet*	*möget*	*müsset*	*sollet*	*wollet*	*wisset*
	sie	*dürfen*	*können*	*mögen*	*müssen*	*sollen*	*wollen*	*wissen*

		dürfen	können	mögen	müssen	sollen	wollen	wissen
Indikativ Präteritum	*ich*	*durfte*	*konnte*	*mochte*	*musste*	*sollte*	*wollte*	*wusste*
	du	*durftest*	*konntest*	*mochtest*	*musstest*	*solltest*	*wolltest*	*wusstest*
	er							
	sie	*durfte*	*konnte*	*mochte*	*musste*	*sollte*	*wollte*	*wusste*
	es							
	wir	*durften*	*konnten*	*mochten*	*mussten*	*sollten*	*wollten*	*wussten*
	ihr	*durftet*	*konntet*	*mochtet*	*musstet*	*solltet*	*wolltet*	*wusstet*
	sie	*durften*	*konnten*	*mochten*	*mussten*	*sollten*	*wollten*	*wussten*
Konjunktiv II	*ich*	*dürfte*	*könnte*	*möchte*	*müsste*	*sollte*	*wollte*	*wüsste*
	du	*dürftest*	*könntest*	*möchtest*	*müsstest*	*solltest*	*wolltest*	*wüsstest*
	er							
	sie	*dürfte*	*könnte*	*möchte*	*müsste*	*sollte*	*wollte*	*wüsste*
	es							
	wir	*dürften*	*könnten*	*möchten*	*müssten*	*sollten*	*wollten*	*wüssten*
	ihr	*dürftet*	*könntet*	*möchtet*	*müsstet*	*solltet*	*wolltet*	*wüsstet*
	sie	*dürften*	*könnten*	*möchten*	*müssten*	*sollten*	*wollten*	*wüssten*

Partizip II: gedurft, gekonnt, gemocht, gemusst, gesollt, gewollt, gewusst

Die gebräuchlichsten unregelmäßigen Verben

Verben mit Vorsilbe werden nur in Ausnahmefällen aufgeführt; in der Regel sind ihre Formen unter dem entsprechenden einfachen Verb nachzuschlagen. Bei der 1. Stammform wird die 2. Person Singular Präsens hinzugesetzt, wenn Umlaut oder *e/i*-Wechsel auftritt; bei der 2. Stammform wird der Konjunktiv II angegeben, wenn er Umlaut aufweist; bei der 3. Stammform wird deutlich gemacht, ob das Perfekt mit *haben* oder *sein* gebildet wird.

1. Stammform (Infinitiv)	2. Stammform (Präteritum)	3. Stammform (Partizip II)
backen *du bäckst/backst*	*backte/buk* *büke*	*hat gebacken*
befehlen *du befiehlst*	*befahl* *beföhle/befähle*	*hat befohlen*
beginnen	*begann* *begänne/begönne*	*hat begonnen*
beißen	*biss*	*hat* *gebissen*
bergen *du birgst*	*barg* *bärge*	*hat geborgen*
bersten *du birst*	*barst* *bärste*	*ist geborsten*

1. Stammform (Infinitiv)	2. Stammform (Präteritum)	3. Stammform (Partizip II)
bewegen	*bewog* *bewöge*	*hat bewogen*
biegen	*bog* *böge*	*hat/ist gebogen*
bieten	*bot* *böte*	*hat geboten*
binden	*band* *bände*	*hat gebunden*
bitten	*bat* *bäte*	*hat gebeten*
blasen *du bläst*	*blies*	*hat geblasen*
bleiben	*blieb*	*ist geblieben*
braten *du brätst*	*briet*	*hat gebraten*
brechen *du brichst*	*brach* *bräche*	*hat/ist gebrochen*
brennen	*brannte* *brennte*	*hat gebrannt*
bringen	*brachte* *brächte*	*hat gebracht*
denken	*dachte* *dächte*	*hat gedacht*
dringen	*drang* *dränge*	*hat/ist gedrungen*
dürfen	*durfte* *dürfte*	*hat gedurft*
empfangen *du empfängst*	*empfing*	*hat empfangen*
empfehlen *du empfiehlst*	*empfahl* *empfähle/empföhle*	*hat empfohlen*
erlöschen *du erlischst*	*erlosch* *erlösche*	*ist erloschen*
erschrecken *du erschrickst*	*erschrak* *erschräke*	*ist erschrocken*
essen *du isst*	*aß* *äße*	*hat gegessen*

1. Stammform (Infinitiv)	2. Stammform (Präteritum)	3. Stammform (Partizip II)
fahren *du fährst*	*fuhr* *führe*	*hat/ist gefahren*
fallen *du fällst*	*fiel*	*ist gefallen*
fangen *du fängst*	*fing*	*hat gefangen*
fechten *du fichtst*	*focht* *föchte*	*hat gefochten*
finden	*fand* *fände*	*hat gefunden*
flechten *du flichtst*	*flocht* *flöchte*	*hat geflochten*
fliegen	*flog* *flöge*	*hat/ist geflogen*
fliehen	*floh* *flöhe*	*ist geflohen*
fließen	*floss* *flösse*	*ist geflossen*
fressen *du frisst*	*fraß* *fräße*	*hat gefressen*
frieren	*fror* *fröre*	*hat gefroren*
gären	*gor/gärte* *göre/gärte*	*hat/ist gegoren*
gebären *du gebierst*	*gebar* *gebäre*	*hat geboren*
geben *du gibst*	*gab* *gäbe*	*hat gegeben*
gedeihen	*gedieh*	*ist gediehen*
gehen	*ging*	*ist gegangen*
gelingen	*gelang* *gelänge*	*ist gelungen*
gelten *du giltst*	*galt* *gälte/gölte*	*hat gegolten*
genießen	*genoss* *genösse*	*hat genossen*

1. Stammform (Infinitiv)	2. Stammform (Präteritum)	3. Stammform (Partizip II)
geschehen *es geschieht*	*geschah* *geschähe*	*ist geschehen*
gewinnen	*gewann* *gewänne/gewönne*	*hat gewonnen*
gießen	*goss* *gösse*	*hat gegossen*
gleichen	*glich*	*hat geglichen*
gleiten	*glitt*	*ist geglitten*
glimmen	*glomm* *glömme*	*hat geglommen*
graben *du gräbst*	*grub* *grübe*	*hat gegraben*
greifen	*griff*	*hat gegriffen*
haben	*hatte* *hätte*	*hat gehabt*
halten *du hältst*	*hielt*	*hat gehalten*
hängen	*hing*	*hat gehangen*
hauen	*haute/hieb*	*hat gehauen*
heben	*hob* *höbe*	*hat gehoben*
heißen	*hieß*	*hat geheißen*
helfen *du hilfst*	*half* *hälfe/hülfe*	*hat geholfen*
kennen	*kannte* *kennte*	*hat gekannt*
klingen	*klang* *klänge*	*hat geklungen*
kneifen	*kniff*	*hat gekniffen*
kommen	*kam* *käme*	*ist gekommen*
können	*konnte* *könnte*	*hat gekonnt*
kriechen	*kroch* *kröche*	*ist gekrochen*
laden *du lädst*	*lud* *lüde*	*hat geladen*
lassen *du lässt*	*ließ*	*hat gelassen*
laufen *du läufst*	*lief*	*ist gelaufen*
leiden	*litt*	*hat gelitten*
leihen	*lieh*	*hat geliehen*
lesen *du liest*	*las* *läse*	*hat gelesen*
liegen	*lag* *läge*	*hat gelegen*
lügen	*log* *löge*	*hat gelogen*
mahlen	*mahlte*	*hat gemahlen*
meiden	*mied*	*hat gemieden*
messen *du misst*	*maß* *mäße*	*hat gemessen*
misslingen	*misslang* *misslänge*	*ist misslungen*
mögen	*mochte* *möchte*	*hat gemocht*
müssen	*musste* *müsste*	*hat gemusst*
nehmen *du nimmst*	*nahm* *nähme*	*hat genommen*
nennen	*nannte* *nennte*	*hat genannt*
pfeifen	*pfiff*	*hat gepfiffen*

1. Stammform (Infinitiv)	2. Stammform (Präteritum)	3. Stammform (Partizip II)
preisen	*pries*	*hat gepriesen*
quellen *du quillst*	*quoll* *quölle*	*ist gequollen*
raten *du rätst*	*riet*	*hat geraten*
reiben	*rieb*	*hat gerieben*
reißen	*riss*	*hat/ist gerissen*
reiten	*ritt*	*hat/ist geritten*
rennen	*rannte* *rennte*	*ist gerannt*
riechen	*roch* *röche*	*hat gerochen*
ringen	*rang* *ränge*	*hat gerungen*
rinnen	*rann* *ränne/rönne*	*ist geronnen*
rufen	*rief*	*hat gerufen*
saufen *du säufst*	*soff* *söffe*	*hat gesoffen*
schaffen	*schuf* *schüfe*	*hat geschaffen*
scheiden	*schied*	*hat/ist geschieden*
scheinen	*schien*	*hat geschienen*
scheißen	*schiss*	*hat geschissen*
schelten *du schiltst*	*schalt* *schölte*	*hat gescholten*
schieben	*schob* *schöbe*	*hat geschoben*
schießen	*schoss* *schösse*	*hat/ist geschossen*
schlafen *du schläfst*	*schlief*	*hat geschlafen*

1. Stammform (Infinitiv)	2. Stammform (Präteritum)	3. Stammform (Partizip II)
schlagen *du schlägst*	*schlug* *schlüge*	*hat geschlagen*
schleichen	*schlich*	*ist geschlichen*
schleifen	*schliff*	*hat geschliffen*
schließen	*schloss* *schlösse*	*hat geschlossen*
schlingen	*schlang* *schlänge*	*hat geschlungen*
schmeißen	*schmiss*	*hat geschmissen*
schmelzen *du schmilzt*	*schmolz* *schmölze*	*ist geschmolzen*
schneiden	*schnitt*	*hat geschnitten*
schreiben	*schrieb*	*hat geschrieben*
schreien	*schrie*	*hat geschrien*
schreiten	*schritt*	*ist geschritten*
schweigen	*schwieg*	*hat geschwiegen*
schwimmen	*schwamm* *schwämme/schwömme*	*hat/ist geschwommen*
schwinden	*schwand* *schwände*	*ist geschwunden*
schwingen	*schwang* *schwänge*	*hat geschwungen*
schwören	*schwor* *schwöre/schwüre*	*hat geschworen*
sehen *du siehst*	*sah* *sähe*	*hat gesehen*
sein	*war* *wäre*	*ist gewesen*
senden	*sandte* *sendete*	*hat gesandt*
singen	*sang* *sänge*	*hat gesungen*

1. Stammform (Infinitiv)	2. Stammform (Präteritum)	3. Stammform (Partizip II)
sinken	*sank* *sänke*	*ist gesunken*
sinnen	*sann* *sänne/sönne*	*hat gesonnen*
sitzen	*saß* *säße*	*hat gesessen*
sollen	*sollte*	*hat gesollt*
spalten	*spaltete*	*hat gespalten*
speien	*spie*	*hat gespien*
sprechen *du sprichst*	*sprach* *spräche*	*hat gesprochen*
sprießen	*spross* *sprösse*	*ist gesprossen*
springen	*sprang* *spränge*	*ist gesprungen*
stechen *du stichst*	*stach* *stäche*	*hat gestochen*
stecken (= sich in etwas befinden)	*stak* *stäke*	*hat gesteckt*
stehen	*stand* *stände/stünde*	*hat gestanden*
stehlen *du stiehlst*	*stahl* *stähle/stöhle*	*hat gestohlen*
steigen	*stieg*	*ist gestiegen*
sterben *du stirbst*	*starb* *stürbe*	*ist gestorben*
stinken	*stank* *stänke*	*hat gestunken*
stoßen *du stößt*	*stieß*	*hat/ist gestoßen*
streichen	*strich*	*hat gestrichen*
streiten	*stritt*	*hat gestritten*
tragen *du trägst*	*trug* *trüge*	*hat getragen*

1. Stammform (Infinitiv)	2. Stammform (Präteritum)	3. Stammform (Partizip II)
treffen *du triffst*	*traf* *träfe*	*hat getroffen*
treiben	*trieb*	*hat getrieben*
treten *du trittst*	*trat* *träte*	*hat/ist getreten*
trinken	*trank* *tränke*	*hat getrunken*
trügen	*trog* *tröge*	*hat getrogen*
tun	*tat* *täte*	*hat getan*
verderben *du verdirbst*	*verdarb* *verdürbe*	*hat/ist verdorben*
vergessen *du vergisst*	*vergaß* *vergäße*	*hat vergessen*
verlieren	*verlor* *verlöre*	*hat verloren*
verlöschen *du verlischst*	*verlosch* *verlösche*	*ist verloschen*
wachsen *du wächst*	*wuchs* *wüchse*	*ist gewachsen*
waschen *du wäschst*	*wusch* *wüsche*	*hat gewaschen*
weben	*wob/webte* *wöbe/webte*	*hat gewoben*
weichen	*wich*	*ist gewichen*
weisen	*wies*	*hat gewiesen*
wenden	*wandte* *wendete*	*hat gewandt*
werben *du wirbst*	*warb* *würbe*	*hat geworben*
werden *du wirst*	*wurde* *würde*	*ist geworden*
werfen *du wirfst*	*warf* *würfe*	*hat geworfen*

1. Stammform (Infinitiv)	2. Stammform (Präteritum)	3. Stammform (Partizip II)	1. Stammform (Infinitiv)	2. Stammform (Präteritum)	3. Stammform (Partizip II)
wiegen	*wog* *wöge*	*hat gewogen*	*wollen*	*wollte*	*hat* *gewollt*
winden	*wand* *wände*	*hat gewunden*	*ziehen*	*zog* *zöge*	*hat/ist gezogen*
wissen	*wusste* *wüsste*	*hat gewusst*	*zwingen*	*zwang* *zwänge*	*hat gezwungen*

Substantive (Hauptwörter, Nomen, Nomina)

Substantive machen den bei Weitem größten Teil des Wortschatzes aus und können auf vielfältige Weise zu neuen Wörtern zusammengesetzt werden. Wörter aller anderen Wortarten können substantiviert werden. Substantive haben in der Regel ein festes Geschlecht. Sie verändern sich aber nach Zahl (Numerus) und Fall (Kasus). Man unterscheidet:

1. Gegenstandswörter (Konkreta)	*Tisch, Lampe, Tulpe, Rose, Auto, Hammer, Werkstatt, Schiedsrichter*
■ Eigennamen	*Anna, Neumann, Japan, Rom, Goethehaus, Feldberg*
■ Gattungsbezeichnungen	*Mensch, Frau, Freund, Katze, Rose, Stern, Haus, Tisch*
■ Stoffbezeichnungen	*Stahl, Silber, Holz, Leder, Leinen, Wolle, Öl, Fleisch*
2. Begriffswörter (Abstrakta)	*Mut, Stress, Alter, Torheit, Verstand, Frieden, Abrüstung*

Die Deklinationsarten

Im Satz treten die Substantive in verschiedenen Fällen auf, und sie können – in der Regel – Einzahl (Singular) und Mehrzahl (Plural) bilden. Sie werden also nach Fall (Kasus) und Zahl (Numerus) dekliniert. Nach den Formen des Genitivs Singular und der Bildung des Plurals unterscheidet man starke, schwache und gemischte Deklination:

Starke Deklination		männlich	weiblich	sächlich
Der Genitiv Singular der männlichen und sächlichen Substantive endet auf *-es/-s.*	**Nominativ**	*der Vogel*	*die Nacht*	*das Bild*
	Genitiv	*des Vogel-s*	*der Nacht*	*des Bild-es*
	Dativ	*dem Vogel*	*der Nacht*	*dem Bild(-e)*
	Akkusativ	*den Vogel*	*die Nacht*	*das Bild*

-es steht:

- bei Substantiven auf *-s, -ß, -ss, -x, -z, -tz* — *des Hauses, des Fußes, des Fasses, des Komplexes, des Schmerzes, des Gesetzes*
- häufig bei einsilbigen Substantiven mit Konsonant (Mitlaut) am Ende — *des Bildes, des Raumes, des Buches, des Stuhles*
- häufig bei mehrsilbigen Substantiven mit Endbetonung und bei Zusammensetzungen mit Fugen-*s* — *des Betrages, des Besuches, des Arbeitsplanes*

-s steht:

- immer bei Substantiven auf *-el, -em, -en, -er, -chen, -lein* — *des Vogels, des Atems, des Gartens, des Lehrers, des Mädchens, des Bäumleins*
- meist bei Substantiven mit Vokal *(+ h)* am Ende — *des Knies, des Neubaus, des Schuhs*
- meist bei mehrsilbigen Substantiven ohne Endbetonung — *des Monats, des Antrags, des Urlaubs*

Dativ-*e:*

- heute nur noch ganz selten — *am nächsten* Tag(e), *auf dem* Weg(e)
- noch in bestimmten festen Wendungen — *in diesem* Sinne, *im* Laufe *der Zeit, im* Grunde

Es treten verschiedene Pluralformen auf.	**Nominativ**	*die Vögel*	*die Nächt-e*	*die Bild-er*
	Genitiv	*der Vögel*	*der Nächt-e*	*der Bild-er*
	Dativ	*den Vögel-n*	*den Nächt-en*	*den Bild-ern*
	Akkusativ	*die Vögel*	*die Nächt-e*	*die Bild-er*

Schwache Deklination		**männlich**	**weiblich**
(keine sächlichen Substantive): Der Singular der männlichen Substantive (außer Nominativ) endet auf *-en*.	**Nominativ**	*der Mensch*	*die Frau*
	Genitiv	*des Mensch-en*	*der Frau*
	Dativ	*dem Mensch-en*	*der Frau*
	Akkusativ	*den Mensch-en*	*die Frau*
Im Plural steht nur *-en*.	**Nominativ**	*die Mensch-en*	*die Frau-en*
	Genitiv	*der Mensch-en*	*der Frau-en*
	Dativ	*den Mensch-en*	*den Frau-en*
	Akkusativ	*die Mensch-en*	*die Frau-en*

Gemischte Deklination		**Singular**	**Plural**
Einige männliche und sächliche Substantive (*Auge, Ohr, Doktor* u. a.) werden im Singular stark und im Plural schwach dekliniert.	**Nominativ**	*der Staat*	*die Staat-en*
	Genitiv	*des Staat-(e)s*	*der Staat-en*
	Dativ	*dem Staat(-e)*	*den Staat-en*
	Akkusativ	*den Staat*	*die Staat-en*

	Männliche Substantive			
	Kasus	**stark**	**schwach**	**gemischt**
Singular	**Nominativ:** wer oder was?	*der Tag*	*der Fürst*	*der Staat*
	Genitiv: wessen?	*des Tag-*(e)s	*des Fürst-*en	*des Staat-*(e)s
	Dativ: wem?	*dem Tag*(-e)*	*dem Fürst-*en	*dem Staat*
	Akkusativ: wen oder was?	*den Tag*	*den Fürst-*en	*den Staat*
Plural	**Nominativ:** wer oder was?	*die Tag-*e	*die Fürst-*en	*die Staat-*en
	Genitiv: wessen?	*der Tag-*e	*der Fürst-*en	*der Staat-*en
	Dativ: wem?	*den Tag-*en	*den Fürst-*en	*den Staat-*en
	Akkusativ: wen oder was?	*die Tag-*e	*die Fürst-*en	*die Staat-*en
Merkmale		*im Genitiv Singular:* -(e)s *im Dativ Plural:* -en *Pluralklassen:* -e: *der Tisch, die Tische* -e, *umgelautet: der Bart, die Bärte* -er: *der Geist, die Geister* -er, *umgelautet: der Wald, die Wälder* *- (endungslos): der Balken, die Balken* *- (endungslos) umgelautet: der Faden, die Fäden* -s: *der Uhu, die Uhus*	*im Singular: in allen Fällen außer dem Nominativ* -en *im Plural: in allen Fällen* -(e)n	*im Genitiv Singular:* -(e)s *im Plural:* -(e)n

* *Die Endung* -e *der starken männlichen Substantive im Dativ Singular kommt heute nur noch selten vor.*

	Weibliche Substantive			
	Kasus	**stark**	**schwach**	**gemischt**
Singular	**Nominativ:** wer oder was?	*die Mutter*	*die Rose*	–
	Genitiv: wessen?	*der Mutter*	*der Rose*	–
	Dativ: wem?	*der Mutter*	*der Rose*	–
	Akkusativ: wen oder was?	*die Mutter*	*die Rose*	–
Plural	**Nominativ:** wer oder was?	*die Mütter*	*die Rose-n*	–
	Genitiv: wessen?	*der Mütter*	*der Rose-n*	–
	Dativ: wem?	*den Mütter-n*	*den Rose-n*	–
	Akkusativ: wen oder was?	*die Mütter*	*die Rose-n*	–
Merkmale		*im Singular: - (endungslos)* *im Dativ Plural: -n* *Pluralklassen:* *-e: die Drangsal, die Drangsale* *-e, umgelautet: die Kraft, die Kräfte* *- (endungslos) umgelautet: die Tochter, die Töchter* *-s: die Kamera, die Kameras*	*im Singular: - (endungslos)* *im Plural: -(e)n*	

Sächliche Substantive

	Kasus	stark	schwach	gemischt
Singular	**Nominativ:** wer oder was?	*das Jahr*	–	*das Ohr*
	Genitiv: wessen?	*des Jahr-(e)s*	–	*des Ohr-(e)s*
	Dativ: wem?	*dem Jahr-e**	–	*dem Ohr*
	Akkusativ: wen oder was?	*das Jahr*	–	*das Ohr*
Plural	**Nominativ:** wer oder was?	*die Jahr-e*	–	*die Ohr-en*
	Genitiv: wessen?	*der Jahr-e*	–	*der Ohr-en*
	Dativ: wem?	*den Jahr-en*	–	*den Ohr-en*
	Akkusativ: wen oder was?	*die Jahr-e*	–	*die Ohr-en*
Merkmale		*im Genitiv Singular: -(e)s* *im Dativ Plural: -n* *Pluralklassen:* *-e: das Pferd, die Pferde* *-e, umgelautet: das Floß, die Flöße* *-er: das Kind, die Kinder* *-er, umgelautet: das Dach, die Dächer* *- (endungslos): das Messer, die Messer* *- (endungslos) umgelautet: das Kloster, die Klöster* *-s: das Echo, die Echos*		*im Genitiv Singular: -(e)s* *im Plural: -en*

** Die Endung -e der starken sächlichen Substantive im Dativ Singular kommt heute nur noch selten vor.*

Zur Deklination der Personennamen vgl. die folgende Tabelle:

	ohne Artikel	mit Artikel
ein Name	*mit -s im Genitiv* *die Rede Meiers*	*ohne -s im Genitiv* *die Rede des Meier*
mehrere Namen	*nur der letzte mit -s im Genitiv* *die Rede Horst Meiers*	*ohne -s im Genitiv* *die Rede des Horst Meier*
ein Titel o. Ä. + Name	*Der Name wird dekliniert* *die Rede Direktor Meiers*	*Der Titel wird dekliniert* *die Rede des Direktors Meier*
mehrere Titel o. Ä. + Name	*Der Name wird dekliniert* *die Rede Direktor Professor Meiers*	*Nur der 1. Titel wird dekliniert* *die Rede des Direktors Professor Meier*
Herr (+ Titel) + Name	*Herr wird dekliniert* *die Rede Herrn Meiers*	*Herr wird dekliniert* *die Rede des Herrn Direktor Meier*
Doktor (Dr.) + Name	*Dr. wird nicht dekliniert* *die Rede Doktor Meiers*	*Dr. wird nicht dekliniert* *die Rede des Doktor Meier*

Geografische Namen erhalten, soweit sie männlich oder sächlich sind, im Genitiv die Endung -s, wenn sie ohne Artikel gebraucht werden.	*die Einheit Deutschlands,* *Schwedens Königin,* *die Nationalmannschaft Uruguays,* *die Geschichte Roms*

Singular und Plural (Einzahl und Mehrzahl)
Singular: Aufgrund ihrer Bedeutung nur im Singular stehen können:

viele Abstrakta	*Adel, Epik, Hitze, Kälte, Verborgenheit*
Stoffbezeichnungen (außer in Fachsprachen)	*Gold, Stahl, Blei* *(technisch auch: Stähle, Bleie)*

Plural: Es gibt im Deutschen verschiedene Arten, den Plural zu bilden. Manche Substantive kommen nur im Plural vor (z. B. *Einkünfte, Jugendjahre, Kosten*).

Mit doppelten Pluralformen werden häufig verschiedene Bedeutungen des Wortes unterschieden, z. B. *Bank – Bänke* (Sitzgelegenheiten), *Banken* (Geldinstitute); besondere Pluralformen haben viele Fremdwörter aus dem Griechischen, Lateinischen und Italienischen (z. B. *das Album – die Alben, das Cello – die Celli, das Praktikum – die Praktika*).

-en	*die Frau, der Mensch*	*die Frauen, die Menschen*
-n	*der Bote, die Nadel*	*die Boten, die Nadeln*
-e	*der Tag, das Brot*	*die Tage, die Brote*
-e + Umlaut	*die Nacht, der Sohn*	*die Nächte, die Söhne*
–	*der Zettel, das Segel*	*die Zettel, die Segel*
Umlaut	*der Vogel, der Garten*	*die Vögel, die Gärten*
-er	*das Bild, das Feld*	*die Bilder, die Felder*
-er + Umlaut	*der Wald, das Haus*	*die Wälder, die Häuser*
-s	*das Auto, der Park*	*die Autos, die Parks*

Das grammatische Geschlecht (Genus)

Jedes Substantiv hat ein bestimmtes grammatisches Geschlecht. Es ist entweder männlich (maskulin), weiblich (feminin) oder sächlich (neutral). Einige Substantive haben schwankendes Geschlecht (z. B. *der/das Barock*). Bei manchen Substantiven zeigt verschiedenes Geschlecht unterschiedliche Bedeutung an (z. B. *der Band, die Bände* <–> *das Band, die Bänder*).

Das Geschlecht ist an dem bestimmten Artikel *(der, die, das)* zu erkennen.

männlich (maskulin): der Baum, der Apfel, der Ball
weiblich (feminin): die Tanne, die Birne, die Uhr
sächlich (neutral): das Holz, das Obst, das Blei

Die Wortbildung des Substantivs

1. Substantivierungen	
des Verbs	*das Rauschen des Flusses*
des Adjektivs	*das Blau des Himmels* *alles Liebe zum Geburtstag*
von unflektierbaren Wörtern	*vergiss das Gestern*
2. Zusammensetzungen	
Das grammatische Geschlecht des Grundwortes legt das Geschlecht des ganzen zusammengesetzten Substantivs fest (z. B. die Haus*tür*).	*Substantiv + Substantiv:* *Haus-tür, Hof-hund* *Verb + Substantiv:* *Kehr-woche, Mal-kasten* *Adjektiv + Substantiv:* *Hoch-altar, Blau-licht*
Bestimmungswort und (seltener) Grundwort können mehrgliedrig sein.	*Um welt schutz organisation*
Bei einem Teil der Zusammensetzungen werden zwischen die Bestandteile bestimmte Laute bzw. Buchstaben eingefügt (Fugenzeichen).	*-(e)s Geburtstag, Liebesdienst, Arbeitsplatz* *-e Hundehütte, Mauseloch, Lesebuch, Wartesaal* *-(e)n Nummernschild, Taschentuch, Strahlenschutz* *-er Wörterbuch, Kindergarten, Rinderbraten*
3. Ableitungen	
mithilfe von Vorsilben (Präfixen) aus Substantiven	*Miss-erfolg, Un-sinn, Anti-teilchen* *Ex-kanzler, Poly-technikum* *Pseudo-krupp*
mithilfe von Nachsilben (Suffixen) aus anderen Wörtern	*landen → Landung, retten → Rettung* *schön → Schönheit, heiter → Heiterkeit* *reiten → Reiter, bohren → Bohrer* *Lehrer → Lehrerin*
4. Kurzformen von Substantiven	
Kurzwörter	*Rad ← Fahrrad; Krimi ← Kriminalroman*
Abkürzungswörter	*Kripo ← Kriminalpolizei* *Juso ← Jungsozialist*
Buchstabenabkürzungen	*Ufo ← (unbekanntes Flugobjekt)*

Die Apposition (Beisatz)

Ein Substantiv oder eine Substantivgruppe kann als Attribut von einer anderen Substantivgruppe abhängen. Dieses Attribut nennt man Apposition. Die Apposition steht in der Regel im gleichen Fall wie das Bezugswort.

Appositionen	
Vornamen, Beinamen, Bezeichnungen des Berufs, Titel u. Ä.	*Peter Müller; er spricht über Karl den Großen; Direktor Dr. Schmidt; mein Onkel Theo*
nähere Bestimmungen für Mengen	*ein Glas Wein; mit einer Tasse Kaffee; mit einem Pfund Nüssen*
Appositionen können vor- oder nachgestellt sein.	*Peter hat Herrn Müller, seinen Klassenlehrer, auf der Straße gesehen.*
Auch nach *wie* und *als* steht in der Regel derselbe Fall.	*Unternehmungen wie einen Ausflug schätzt er nicht.* *Ihm als dem Kapitän des Schiffes ist zu vertrauen.*

Artikel und Pronomen (Begleiter und Stellvertreter des Substantivs)

Bestimmter und unbestimmter Artikel

Der **bestimmte Artikel** *(der, die, das)* tritt mit Substantiven auf; er zeigt in seinen deklinierten Formen deren Geschlecht, Zahl und Fall an.

	Singular			Plural
Nom.	*der Stuhl*	*die Lampe*	*das Bild*	*die Stühle, Lampen, Bilder*
Gen.	*des Stuhles*	*der Lampe*	*des Bildes*	*der Stühle, Lampen, Bilder*
Dativ	*dem Stuhl*	*der Lampe*	*dem Bild*	*den Stühlen, Lampen, Bildern*
Akk.	*den Stuhl*	*die Lampe*	*das Bild*	*die Stühle, Lampen, Bilder*

Der **unbestimmte Artikel** *(ein, eine, ein)* tritt mit Substantiven auf, jedoch ohne Pluralform.

Nom.	*ein Stuhl*	*eine Lampe*	*ein Bild*
Gen.	*eines Stuhles*	*einer Lampe*	*eines Bildes*
Dativ	*einem Stuhl*	*einer Lampe*	*einem Bild*
Akk.	*einen Stuhl*	*eine Lampe*	*ein Bild*

Ohne Artikel stehen häufig:

- Abstrakta — *Widerstand ist zwecklos. Ende der Woche*
- Stoffbezeichnungen — *Er trinkt gern Wein. Gold ist ein Edelmetall.*
- Substantive in festen Fügungen oder in Aufzählungen — *Fuß fassen, Widerstand leisten, Frieden schließen, an Bord gehen, bei Tisch*
- Substantive in verkürzten Äußerungen — *Fraktion fordert Mitspracherecht*
- Personennamen — *Johann Wolfgang von Goethe starb in Weimar.*

Geografische Namen stehen teils ohne, teils mit Artikel. Namen von Bergen, Gebirgen, Flüssen, Seen und Meeren stehen mit Artikel. — *Deutschland, Frankreich, die Niederlande, der Königstuhl, das Riesengebirge, der Rhein, der Bodensee*

Personalpronomen

Das Personalpronomen bezeichnet den Sprecher (1. Person), den Angesprochenen (2. Person), die Person oder Sache, über die man spricht (3. Person). Nur in der dritten Person steht es stellvertretend für das Substantiv.

	Singular					**Plural**		
	1. Pers.	**2. Pers.**		**3. Pers.**		**1. Pers.**	**2. Pers.**	**3. Pers.**
Nom.	*ich*	*du*	*er*	*sie*	*es*	*wir*	*ihr*	*sie*
Gen.	*meiner*	*deiner*	*seiner*	*ihrer*	*seiner*	*unser*	*euer*	*ihrer*
Dativ	*mir*	*dir*	*ihm*	*ihr*	*ihm*	*uns*	*euch*	*ihnen*
Akk.	*mich*	*dich*	*ihn*	*sie*	*es*	*uns*	*euch*	*sie*

Reflexivpronomen

Das Reflexivpronomen bezieht sich gewöhnlich auf das Subjekt des Satzes und stimmt in Person und Zahl mit ihm überein. Der Fall hängt vom Verb ab.

■ Für die 3. Person hat es die Form *sich.*	*(Dativ Singular)*	*Damit schadet er* sich *nur.*
	(Akkusativ Singular)	*Sie schminkt* sich.
	(Dativ Plural)	*Sie haben* sich *viel erzählt.*
	(Akkusativ Plural)	*Die Gäste begrüßten* sich.
■ Für die 1. und 2. Person werden die entsprechenden Formen des Personalpronomens verwendet.	*Ich langweile* mich. *Damit schadest du* dir *nur. Wir haben* uns *sehr über die Geschenke gefreut. Ihr werdet* euch *wundern!*	

Possessivpronomen

Das Possessivpronomen gibt ein Besitzverhältnis an, drückt aber auch eine Zugehörigkeit, Zuordnung oder Verbundenheit aus. Es kann Begleiter oder Stellvertreter des Substantivs sein; seine Form richtet sich nach der Person, auf die es sich bezieht; es stimmt in Fall, Zahl und Geschlecht mit dem Substantiv überein, vor dem es steht. Das Possessivpronomen lautet im Singular und Plural in der ersten Person *mein/unser,* in der zweiten Person *dein/euer* und in der dritten Person Singular *sein* (männlich und sächlich), *ihr* (weiblich), im Plural einheitlich *ihr.*

	Singular			**Plural**
Nom.	*mein Sohn*	*mein-*e *Tochter*	*mein Kind*	*mein-*e *Söhne/Töchter/Kinder*
Gen.	*mein-*es *Sohnes*	*mein-*er *Tochter*	*mein-*es *Kindes*	*mein-*er *Söhne/Töchter/Kinder*
Dativ	*mein-*em *Sohn(e)*	*mein-*er *Tochter*	*mein-*em *Kind(e)*	*mein-*en *Söhnen/Töchtern/Kindern*
Akk.	*mein-*en *Sohn*	*mein-*e *Tochter*	*mein Kind*	*mein-*e *Söhne/Töchter/Kinder*

Steht das Possessivpronomen stellvertretend für ein Substantiv, hat die männliche Form im Nominativ Singular die Endung *-er*, die sächliche im Nominativ und Akkusativ Singular die Endung *-(e)s*.	*Mein Mantel ist zerrissen und deiner auch. Ich habe genug Geld, du kannst dein(e)s behalten.*

Demonstrativpronomen

Das Demonstrativpronomen weist auf etwas hin, was entweder bereits bekannt oder im Folgenden näher zu bestimmen ist. Es richtet sich in Geschlecht, Zahl und Fall nach dem Substantiv, bei dem es steht oder das es vertritt.

		Singular			**Plural**
		männlich	**weiblich**	**sächlich**	
Dieser und *jener* kommen sowohl als Begleiter wie als Stellvertreter des Substantivs vor. Dabei weist *dieser* auf etwas Näheres, *jener* auf etwas Entfernteres hin.	**Nom.**	*dies-er*	*dies-e*	*dies(-es)*	*dies-e*
	Gen.	*dies-es*	*dies-er*	*dies-es*	*dies-er*
	Dativ	*dies-em*	*dies-er*	*dies-em*	*dies-en*
	Akk.	*dies-en*	*dies-e*	*dies(-es)*	*dies-e*
Derjenige kann bei einem Substantiv oder an der Stelle eines Substantivs stehen. *Derselbe/der gleiche* wird wie *derjenige* dekliniert.	**Nom.**	*der-jenige*	*die-jenige*	*das-jenige*	*die-jenigen*
	Gen.	*des-jenigen*	*der-jenigen*	*des-jenigen*	*der-jenigen*
	Dativ	*dem-jenigen*	*der-jenigen*	*dem-jenigen*	*den-jenigen*
	Akk.	*den-jenigen*	*die-jenige*	*das-jenige*	*die-jenigen*

Das Demonstrativpronomen *der* als Stellvertreter des Substantivs ist vom Artikel *der* (als Begleiter des Substantivs) zu unterscheiden. Es ist allgemein voraus- und zurückweisend.

Nom.	*der*	*die*	*das*	*die*
Gen.	*dessen*	*deren/ derer*	*dessen*	*deren/ derer*
Dativ	*dem*	*der*	*dem*	*denen*
Akk.	*den*	*die*	*das*	*die*

Indefinitpronomen

jemand – niemand – etwas – nichts

Mit *jemand* werden ganz allgemein und unbestimmt Lebewesen bezeichnet, mit *etwas* Dinge, Sachverhalte u. Ä.; *etwas* und *nichts* sind undeklinierbar.

jemanden/etwas loben, jemandes gedenken, jemandem etwas schenken, jemanden an jemanden verweisen.
Etwas ist geschehen. Ich weiß davon nichts. Ich habe etwas darüber gehört. Sie kann sich an nichts erinnern.

alle – jeder – kein

Alle bezeichnet eine Gesamtheit; *jeder* bezieht sich auf die einzelnen Teile dieser Gesamtheit; *kein* ist das Gegenwort zu *jeder.* Die Wörter können als Begleiter des Substantivs und selbstständig, als Vertreter des Substantivs, gebraucht werden.

Sie haben allen Schülern etwas geschenkt. Alles Hoffen/Alle Mühe war umsonst. Jeder Schüler wurde aufgerufen. Jeder musste ein Gedicht vortragen. Sie haben jedem dasselbe Buch geschenkt. Ich habe keinen Hund besessen. Ich habe keinen.

manche – mehrere – einige

Manche, mehrere, einige bezeichnen eine unbestimmte Anzahl; sie kommen als Begleiter und Stellvertreter des Substantivs vor.

Manche kamen nie an. Mehreren von ihnen dauerte es zu lang. Einige sind gegangen.

man

Mit *man* wird ganz unbestimmt von einer Person gesprochen; es hat nur diese Form für den Nominativ Singular, im Dativ und Akkusativ wird es durch *einem, einen* ersetzt.

Man sagt, er gehe oft ins Theater.
Man hat ihn gestern im Theater gesehen.
Sie kann einen ganz schön nerven.

Interrogativpronomen

Das Fragepronomen *wer/was* wird als Stellvertreter des Substantivs gebraucht; es hat nur Singularformen und unterscheidet nur zwischen Person *(wer)* und Sache bzw. Sachverhalt *(was)*.	**Nom.**	*Wer kauft ein?*	*Was ist das?*
	Gen.	*Wessen gedenkt sie?*	*Wessen wird sie angeklagt?*
	Dativ	*Wem gehört das Hemd?*	–
	Akk.	*Wen sehe ich da?*	*Was sehe ich da?*
Das Fragepronomen *welcher, welche, welches* kommt als Begleiter und als Stellvertreter des Substantivs vor, fragt nach Personen oder Sachen, und zwar auswählend aus einer bestimmten Art oder Menge; es wird wie *dieser* dekliniert.	*Welches Kleid soll ich nehmen (– das blaue oder das schwarze)? Welches steht mir besser?* *Welche Partei wählt er eigentlich?* *(Ich hätte gern 100 g Schinken.) Welcher darfs denn sein?* *Mit welchem Zug kommst du?* *Welche von diesen Sachen sollen wir aufheben, welche können weggeworfen werden?*		
Mit *was für ein(er)* fragt man nach der Art, Beschaffenheit von Personen oder Sachen; *was* bleibt immer unverändert; nur *ein(er)* wird dekliniert.	*Was für ein Mensch ist das eigentlich? – Was für einer ist das eigentlich?* *Was für einen Wein möchten Sie (– einen trockenen oder einen lieblichen)?*		

Relativpronomen

Die Relativpronomen *der, die, das* und das wenig gebräuchliche *welcher, welche, welches* leiten einen Nebensatz (Relativsatz) ein. In Geschlecht und Zahl richten sie sich nach dem Bezugswort im übergeordneten Satz; der Fall ist dagegen abhängig vom Verb (oder einer Präposition) des Relativsatzes selbst (z. B. Ich sah *den Mann, der* den Brief eingeworfen hat. Das ist *der Brief, auf den* ich gewartet habe. Wer ist *der Mann, dem* ich das Paket geben soll?).

Das Relativpronomen *wer/was* bezeichnet allgemein eine Person oder eine Sache bzw. einen Sachverhalt. Es leitet einen Nebensatz ein, der eine Ergänzung des übergeordneten Satzes vertritt.	*Wer nicht hören will, muss fühlen.* *Ich kann mir denken, wen/was du meinst.* *Mach, was du willst.*

Adjektive (Eigenschaftswörter)

Man unterscheidet im Allgemeinen drei Arten von Adjektiven:

Eigenschaftswörter im eigentlichen Sinne

Sie beschreiben/bewerten, wie jemand oder etwas beschaffen ist (Farbe, Form, Ausdehnung, Qualität), wie etwas vor sich geht.	*Rote Rosen sind ihre Lieblingsblumen.* *Es war ein kalter Winter.* *Mit großer Freude haben wir von seinem guten Examen erfahren.* *Man einigte sich schnell.*

Beziehungsadjektive

Sie drücken eine bestimmte Beziehung zwischen Personen oder Gegenständen aus.	*Urheber:*	*polizeiliche Maßnahmen, ärztliche Hilfe*
	Raum/Zeit:	*die finnischen Seen, der gestrige Tag*
	Bezugspunkt/Bereich:	*wirtschaftliche Zusammenarbeit, technischer Fortschritt*

Zahladjektive

Adjektive sind alle Zahlwörter, die als Beifügung (Attribut) zu einem Substantiv stehen können:	*die erste Gruppe; mit fünf Punkten; am zweiten April*
■ Grundzahlen	*ein(s), zwei, siebzehn, achtundachtzigtausend*
■ Ordnungszahlen	*der/die/das Erste, Dritte, Siebenundzwanzigste*
■ Bruchzahlen	*halb, drittel, achtel, zwanzigstel, hundertstel*
■ Vervielfältigungszahlwörter	*dreifach, fünffach, tausendfach*
■ unbestimmte Zahladjektive	*ganz, viel, wenig, zahllos, sonstig*

Die Deklination des Adjektivs

Fast alle Adjektive werden, wenn sie als Attribut (Beifügung) vor einem Substantiv stehen, in Übereinstimmung (Kongruenz) mit dem Substantiv nach Geschlecht, Zahl und Fall dekliniert. Nach den Wortformen, die in einer Substantivgruppe vor dem Adjektiv stehen können, unterscheidet man die Deklination des Adjektivs:

ohne Artikel (starke Deklination):
ebenso nach:
endungslosen Zahladjektiven (z. B. Er sah *zwei helle* Lichter.);
manch, solch, welch, viel, wenig (z. B. bei *solch schönem* Wetter; *welch herrlicher* Blick);
etwas und *mehr* (z. B. mit *etwas gutem* Willen; ich brauche *mehr helles* Licht);
deren/dessen (z. B. der Libero, von *dessen überlegtem* Spiel alle begeistert waren)

Singular			
Nom.	*hell-er Tag*	*hell-e Nacht*	*hell-es Licht*
Gen.	*hell-en Tages*	*hell-er Nacht*	*hell-en Lichtes*
Dativ	*hell-em Tag(e)*	*hell-er Nacht*	*hell-em Licht*
Akk.	*hell-en Tag*	*hell-e Nacht*	*hell-es Licht*
Plural			
Nom.	*hell-e Tage/Nächte/Lichter*		
Gen.	*hell-er Tage/Nächte/Lichter*		
Dativ	*hell-en Tagen/Nächten/Lichtern*		
Akk.	*hell-e Tage/Nächte/Lichter*		

nach dem bestimmten Artikel (schwache Deklination):
ebenso nach den Pronomen *dieser, jener, derselbe, derjenige, jeder, welcher*

Singular			
Nom.	*der hell-e Tag*	*die hell-e Nacht*	*das hell-e Licht*
Gen.	*des hell-en Tages*	*der hell-en Nacht*	*des hell-en Lichtes*
Dativ	*dem hell-en Tag(e)*	*der hell-en Nacht*	*dem hell-en Licht*
Akk.	*den hell-en Tag*	*die hell-e Nacht*	*das hell-e Licht*

Plural	
Nom.	*die hell-en Tage/Nächte/Lichter*
Gen.	*der hell-en Tage/Nächte/Lichter*
Dativ	*den hell-en Tagen/Nächten/Lichtern*
Akk.	*die hell-en Tage/Nächte/Lichter*

nach dem unbestimmten Artikel (gemischte Deklination):
ebenso nach den Pronomen *mein, dein, sein, ihr* usw.

Singular			
Nom.	*ein hell-er Tag*	*eine hell-e Nacht*	*ein hell-es Licht*
Gen.	*eines hell-en Tages*	*einer hell-en Nacht*	*eines hell-en Lichtes*
Dativ	*einem hell-en Tag(e)*	*einer hell-en Nacht*	*einem hell-en Licht*
Akk.	*einen hell-en Tag*	*eine hell-e Nacht*	*ein hell-es Licht*
Plural			
Nom.	*keine hell-en Tage/Nächte/Lichter*		
Gen.	*keiner hell-en Tage/Nächte/Lichter*		
Dativ	*keinen hell-en Tagen/Nächten/Lichtern*		
Akk.	*keine hell-en Tage/Nächte/Lichter*		

Mehrere Adjektive vor einem Substantiv werden parallel dekliniert.	*Es geschah an einem schönen, sonnigen Morgen.* *Er besitzt ein altes, klappriges Auto.*
Nach Personalpronomen wird das (substantivierte) Adjektiv im Allgemeinen stark dekliniert.	*Ich altes Kamel; du armer Junge* *du Guter (männlich), du Gute (weiblich)* *wir Deutsche*
Bei *mir, dir, wir* und *ihr* wird das Adjektiv meist schwach dekliniert.	*Mir alten, erfahrenen Frau* *dir jungen Kerl (neben: dir jungem Kerl)* *wir alten Freunde*

Bei unbestimmten Pronomen (*alle, manche* usw.) und unbestimmten Zahladjektiven (*viele, wenige* usw.) schwankt die Deklination des Adjektivs:

	schwach (wie nach *der*)	**parallel** (gleiche Endung)	
all-	■		Bei allem guten Willen, das geht entschieden zu weit. Aller guten Dinge sind drei.
ander-		■	Man hat noch anderes belastendes Material gefunden. Es gibt noch andere fähige Leute.
beide	■		Die Vorsitzenden beider großen Parteien sind anwesend. Beide kleinen Mädchen weinten.
einig-	■ (teilw. im Sing.)	■	Wir haben noch einiges schweizerisches Geld übrig. Ich greife einige wichtige Punkte heraus.
etlich-		■	Im Keller stand etliches altes Gerümpel. Der Betrieb hat etliche alte Mitarbeiter entlassen.
folgend-	■ (im Sing.)	■ (im Plur.)	Die Maschine arbeitet nach folgendem einfachen Prinzip. Der Test hat folgende neue Erkenntnisse gebracht.
irgend-welch-	■	■	Er hat irgendwelches dumme Zeug geredet. Die Meinung irgendwelcher fremden Leute interessiert mich nicht.
manch-	■	■ (teilw. im Plur.)	Wir haben manches freie Wochenende dort verbracht. Man trifft dort manche interessanten Leute.
mehrere		■	Er hat mehrere folgenschwere Fehler gemacht. Er steht wegen mehrerer kleiner Vergehen vor Gericht.
sämtlich-	■		Sämtliches gestohlene Geld konnte sichergestellt werden. Sie alarmiert sämtliche erreichbaren Nachbarn.
solch-	■		Solches herrliche Wetter hatten wir lange nicht mehr. Sie sagt immer solche merkwürdigen Sachen.
viel-		■	Das hat er in vieler mühsamer Kleinarbeit gebastelt. Sie haben viele schöne Reisen zusammen gemacht.
wenig-		■	Die Flüsse führen nur noch weniges trübes Wasser. Er hat nur wenige gute Freunde.

	stark	schwach
Substantivierte Adjektive: Substantivierte Adjektive werden dekliniert wie attributive (bei einem Substantiv stehende) Adjektive, also stark, wenn sie ohne Artikel oder nach endungslosen Wörtern stehen, und schwach, wenn sie nach Wörtern mit Endung stehen.	*Vorsitzender ist Herr Müller.* *Ich wünsche dir nur Gutes.* *Liberale und Grüne stimmten dagegen.* *Mein Bekannter ist Angestellter bei der Bank.* *Reisende ohne Gepäck bitte zu Schalter 3.* *Im Westen nichts Neues.*	*Der Vorsitzende heißt Müller.* *Ich wünsche dir alles Gute.* *Die Liberalen und die Grünen stimmten dagegen.* *Die Angestellten der Bank sind unsere Bekannten.* *Die Reisenden nach Hongkong bitte zur Abfertigung.* *Hast du schon das Neueste gehört?*

Adjektive ohne Deklinationsformen

■ Grundzahlwörter ab *zwei*	*sieben Raben; die sieben Raben; von sieben Raben*
■ Ableitungen von Orts- und Ländernamen	*die Türme des Ulmer Münsters*
■ Adjektive wie *super, fit, egal, klasse;* nur wenige von ihnen können als Beifügung stehen.	*ein super Essen; ein klasse Auto*
■ Farbadjektive wie *rosa, lila, orange*	*Er packt das Buch in rosa Geschenkpapier.*

Die Steigerung des Adjektivs

Viele Adjektive können Vergleichs- oder Steigerungsformen bilden. Man unterscheidet: **Positiv** (Grundstufe: *schnell*), **Komparativ** (Höherstufe: *schneller*) und **Superlativ** (Höchststufe: *am schnellsten*). An *-er* und *-st* treten die üblichen Endungen, wenn das Adjektiv attributiv bei einem Substantiv steht.

Bildung der Steigerungsformen

Bei manchen Adjektiven treten in den Steigerungsformen lautliche Veränderungen auf; *gut* bildet den Komparativ und Superlativ in einem anderen Wortstamm *(gut, besser, best)*.

-er, -st	*tief*	*tiefer*	*tiefste*
-er, -st, Umlaut	*warm*	*wärmer*	*wärmste*
-er, -st, Umlaut und Konsonantenwechsel	*hoch*	*höher*	*höchste*
	nah	*näher*	*nächste*
-er, -st, e-Ausfall	*dunkel*	*dunkler*	*dunkelste*
-er, -est	*heiß*	*heißer*	*heißeste*
-er, -est, Umlaut	*kalt*	*kälter*	*kälteste*

Gebrauch der Steigerungsformen

■ **Positiv:** Eine Eigenschaft ist bei den verglichenen Personen oder Gegenständen in gleichem Maße vorhanden.	*Klaus ist so alt wie Peter.*
■ **Komparativ:** drückt den ungleichen (höheren oder niedrigeren) Grad einer Eigenschaft aus.	*Maria ist älter als Claudia.*
■ **Superlativ:** drückt den höchsten Grad einer Eigenschaft aus oder, wenn kein Vergleich zugrunde liegt, ganz allgemein einen sehr hohen Grad (Elativ).	*Er ist der jüngste von drei Brüdern.* *Das ist das Neueste, was es auf dem Markt gibt.* *Der Betrieb arbeitet mit modernsten Maschinen.*

Adjektive ohne Steigerungsformen

Bei vielen Adjektiven ist eine Steigerung nur möglich, wenn sie in übertragener Bedeutung zur Kennzeichnung einer Eigenschaft (z. B. das *lebendigste* Kind = das *lebhafteste* Kind) oder in bestimmten Kontexten umgangssprachlich gebraucht werden (z. B. Das neue Programm ist noch *optimaler* als der Vorgänger).

»absolute« Adjektive	*tot, lebendig, stumm, blind, kinderlos*
Adjektive, die bereits einen höchsten Grad ausdrücken	*maximal, minimal, optimal, total, absolut, erstklassig*
Formadjektive	*rund, viereckig, quadratisch, kegelförmig*
Beziehungsadjektive	*karibisch, wirtschaftlich, dortig, jetzig*
Zahladjektive	*drei, halb, siebenfach, ganz, einzig*

Die Wortbildung des Adjektivs

Die weitaus meisten Adjektive sind abgeleitete *(un-schön, berg-ig, zeit-lich)* oder zusammengesetzte *(hell-rot, stein-hart, bären-stark)* Adjektive. Daneben gibt es solche, die aus Fügungen »zusammengebildet« sind (ein *viertüriges* Auto = ein Auto *mit vier Türen*).

1. Ableitungen

■ mithilfe von Vorsilben (Präfixen)	*atypisch, intolerant, unzufrieden, erzkonservativ, uralt*
■ mithilfe von Nachsilben (Suffixen)	*dehnbar, hölzern, seiden, fehlerhaft, sandig, italienisch, gewerblich, reparabel, katastrophal, formell, intensiv*

2. Zusammensetzungen		
■ Sie bestehen aus zwei (selten mehr) Wörtern, wovon das zweite immer ein Adjektiv (oder Partizip) ist.	*Verb + Adjektiv*	*röst-frisch* *koch-fertig* *denk-faul*
	Adjektiv + Adjektiv	*hell-rot* *bitter-böse* *nass-kalt*
	Substantiv + Adjektiv	*stein-hart* *wetter-fest*
■ Meist wird der zweite Bestandteil (das Adjektiv) durch das vorangehende Wort näher bestimmt.	*steinhart = hart wie Stein* *kochfertig = fertig zum Kochen* *denkfaul = faul im Denken*	
■ Bei einigen Adjektiv-Adjektiv-Zusammensetzungen sind die Teile einander gleichgeordnet.	*nasskalt (= nass und kalt)* *taubstumm, dummdreist, feuchtwarm, wissenschaftlich-technisch*	

Steigerung zusammengesetzter Adjektive	
■ Der erste Teil (Bestimmungswort) wird gesteigert, wenn beide Glieder noch ihre Bedeutung tragen. In diesen Fällen wird getrennt geschrieben.	*eine leicht verdauliche Speise –* *eine noch leichter verdauliche Speise –* *die am leichtesten verdauliche Speise*
■ Das Grundwort wird in die Steigerungsform gesetzt, wenn die Zusammensetzung einen einheitlichen, neuen Begriff bildet.	*in altmodischster Kleidung* *die weittragendsten Entscheidungen* *die hochfliegendsten Pläne* *zartfühlender sein*

Die Verwendung des Adjektivs im Satz

Adjektive können als Beifügung zu einem Substantiv (attributiv), in Verbindung mit *sein, werden* und ähnlichen Verben (prädikativ) und in Verbindung mit anderen Verben (adverbial) gebraucht werden.

Als Attribut steht das Adjektiv

■ in der Regel vor dem Substantiv und wird dekliniert;	*ein trockener Wein; die bunten Bilder; blaue Augen*
■ gelegentlich hinter dem Substantiv und undekliniert.	*Whisky pur; Röslein rot*

Adjektive in Verbindung mit *sein, werden* und ähnlichen Verben

■ Das Adjektiv ist Prädikativergänzung und wird nicht dekliniert.	*Sie ist neugierig. Es wird dunkel. Er blieb freundlich.*
■ Bei Adjektiven in der Höchststufe wird das Adjektiv dekliniert und mit Artikel gebraucht.	*Die Westküste ist die schönste. Dieses Foto ist das neueste.*

Adjektive bei anderen Verben

Das Adjektiv ist nicht notwendige Artangabe und wird nicht dekliniert.	*Der Vater liest laut vor. Sie spricht leise. Sie hatte ihn sehnsüchtig erwartet. Sie lag ohnmächtig da.*

Adjektive können oder müssen in Verbindung mit bestimmten Verben eine Ergänzung zu sich nehmen. Man unterscheidet:

■ Adjektive mit einer Genitivergänzung	*einer Sache schuldig, bewusst, eingedenk, gewiss sein*
■ Adjektive mit einer Dativergänzung	*jemandem behilflich, bekömmlich, ähnlich, bekannt sein*
■ Adjektive mit einer Akkusativergänzung	*eine Sache wert sein; jemanden leid sein*
■ Adjektive mit einer Präpositionalergänzung	*auf etwas angewiesen, gespannt sein; bei jemandem beliebt sein; für jemanden nachteilig sein*
■ Adjektive mit einer Raumergänzung	*irgendwo wohnhaft, beheimatet, tätig sein*

Adverbien (Umstandswörter)

Adverbien beziehen sich auf einzelne Wörter, Wortgruppen oder auf den ganzen Satz. Sie bezeichnen die Umstände eines Geschehens. Adverbien gehören zu den undeklinierbaren Wortarten. Nur einige wenige Adverbien können gesteigert werden. Die wichtigsten Arten von Adverbien sind:

Lokaladverbien/ Umstandswörter des Ortes	*wo? wohin? woher?*	*da, daher, dorthin, hierher, drinnen, innen, vorn, links, oben, unten, vorwärts, unterwegs …*
Temporaladverbien/ Umstandswörter der Zeit	*wann? seit wann? bis wann? wie lange?*	*jetzt, nie, jemals, niemals, bald, stets, immer, einst, bisher, neuerdings, allezeit, heute, morgen, winters, zeitlebens, jahrelang, vorher …*
Modaladverbien/ Umstandswörter der Art und Weise	*wie? wie sehr? auf welche Art und Weise?*	*allein, zusammen, umsonst, beinahe, fast, sehr, so, nur, gern, durchaus, leider, möglicherweise, etwa, wohl, kopfüber …*
Kausaladverbien/ Umstandswörter des Grundes	*warum? weshalb? wozu? wodurch? worüber?*	*daher, darum, deswegen, demzufolge, folglich, dadurch, deshalb …*

Die Wortbildung des Adverbs

1. Ableitung von Adverbien	
mithilfe von Nachsilben (Suffixen)	*morgens, abends, anfangs, frühestens; ostwärts, talwärts; glücklicherweise, seltsamerweise; zugegebenermaßen*
2. Zusammengesetzte Adverbien	
Größte Gruppe sind die Adverbien, die aus *da, hier, wo* und einer Präposition gebildet sind. Beginnt die Präposition mit einem Vokal, wird an *da* und *wo* ein *r* angefügt.	*daran, dabei, dahinter, danach, darüber, dazwischen; hierauf, hierdurch, hierfür, hiermit, hierunter, hiervor; wobei, woraus, worin, worüber, wovon, wozu*

Die Präpositionaladverbien (Pronominaladverbien)

Präpositionaladverbien wie *darauf, hierüber* etc. werden häufig wie bestimmte Pronomen stellvertretend für eine bestimmte Substantivgruppe (mit Präposition) gebraucht. Man unterscheidet:

Präpositionaladverb (Bezug auf Sachen)	**Präposition + Pronomen (Bezug auf Personen)**
Wir diskutieren gerade über die Pausenregelung. Wissen Sie etwas Genaueres darüber?	*Wir sprechen gerade über den neuen Chef. Wissen Sie etwas Genaueres* über ihn?
Kann ich mich darauf *verlassen, dass die Arbeit morgen fertig ist?*	*Er ist eine gute Kraft.* Auf ihn *kann man sich verlassen.*
Hiermit *will ich nichts zu tun haben.*	Mit dem/ihm/denen ... *will ich nichts zu tun haben.*

Die Steigerung von Adverbien

Nur einige wenige Adverbien haben Steigerungs- oder Vergleichsformen. Meist werden der Komparativ und der Superlativ von einem anderen Wortstamm als dem der Grundstufe gebildet.

oft	*öfter*	*am öftesten/ häufigsten*
bald	*eher*	*am ehesten*
gern	*lieber*	*am liebsten*
sehr	*mehr*	*am meisten*
wohl (= gut)	*besser/wohler*	*am besten/ wohlsten*

Die Verwendung des Adverbs im Satz

■ als selbstständiges Satzglied (adverbiale Bestimmung), wenn es sich auf das Verb oder den ganzen Satz bezieht	*Hier entstehen fünf Neubauten. Gestern hat es geregnet.*
	Ich konnte leider nicht kommen.
	Warum sagst du mir das jetzt?
■ als Attribut, wenn es einzelnen Wörtern oder Wortgruppen zugeordnet ist	*Sie ist sehr nett. Bald nach dem Vorfall ist sie weggezogen. Die Läden schließen hier schon um 18 Uhr.*
■ Als Attribute können Adverbien vor- oder nachgestellt werden.	*So einfach ist das nicht. Die Vorstellung gestern war ausverkauft. Die zweite Straße links führt zum Bahnhof. In dem Haus dort haben wir früher gewohnt.*
■ Bei Präpositionalgruppen, die eine Zahlangabe enthalten, können Gradadverbien auch innerhalb der Fügung hinter der Präposition stehen.	*Ich bin in spätestens zwei Tagen/ spätestens in zwei Tagen zurück. Sie kommt in frühestens/frühestens in zwanzig Minuten zurück.*

Präpositionen (Verhältniswörter)

Präpositionen sind ihrer Form nach unveränderlich. Sie treten immer mit einem anderen Wort, in der Regel einem Substantiv oder Pronomen, auf, dessen Fall sie bestimmen (»regieren«). Viele Präpositionen können auch zwei Fälle »regieren«. Präpositionen stehen meist vor dem regierten Wort. Zusammen mit diesem bilden sie die Präpositionalgruppe. Man kann vier Hauptbedeutungsgruppen unterscheiden:

1. Ort (lokal)	*an (der Grenze), auf (dem Hof), aus (Frankreich), in (der Stadt), neben (dem Haus), über (den Wolken), vor (der Baustelle)*

2. Zeit (temporal)	an *(diesem Tage)*, in *(der nächsten Woche)*, seit *(zwei Jahren)*, um *(12 Uhr)*, während *(des Krieges)*
3. Grund, Folge, Zweck u. a. (kausal)	wegen *(Bauarbeiten)*, dank *(seiner Hilfe)*, aus *(Mitleid)*, durch *(Neugierde)*, zu *(Ihrer Information)*
4. Art und Weise (modal)	ohne *(mein Wissen)*, mit *(ihrer Zustimmung)*, gemäß *(den Vorschriften)*, gegen *(seinen Rat)*

Die wichtigsten Präpositionen und ihre Rektion

ab Dat./Akk.
abseits Gen.
abzüglich Gen./Dat.
an Dat./Akk.
angesichts Gen.
anhand Gen.
anlässlich Gen.
(an)statt Gen./Dat.
anstelle Gen.
auf Dat./Akk.
aufgrund Dat.
aus Dat.
ausschließlich Gen./Dat.
außer Dat.
außerhalb Gen./Dat.
bei Dat.
oberhalb Gen.
ohne Akk.
seit Dat.
trotz Gen./Dat..
über Dat./Akk.
um Akk.
um – willen Gen.
ungeachtet Gen.
bezüglich Gen./Dat.
binnen Gen./Dat.
bis Akk.
dank Gen./Dat.
diesseits Gen.
durch Akk.
einschließlich Gen./Dat.
entgegen Dat.
entlang Gen./Dat./Akk.
entsprechend Dat.
exklusive Gen./Dat.
für Akk.
gegen Akk.
gegenüber Dat.
gemäß Dat.
halber Gen.
unter Dat./Akk.
unterhalb Gen.
von Dat.
vor Dat./Akk.
während Gen./Dat.
wegen Gen./Dat.
wider Akk.
zeit Gen.
hinsichtlich Gen./Dat.
hinter Dat./Akk.
in Dat./Akk.
infolge Gen.
inklusive Gen./Dat..
inmitten Gen.
innerhalb Gen./Dat.
jenseits Gen.
kraft Gen.
längs Gen./Dat.
laut Gen./Dat.
mangels Gen./Dat.
mit Dat.
mittels Gen./Dat.
nach Dat.
neben Dat./Akk.
zu Dat.
zufolge Gen./Dat.
zuliebe Dat.
zu(un)gunsten Gen.
zuzüglich Gen./Dat.
zwischen Dat./Akk.

Präpositionen mit unterschiedlicher Rektion

lokal:	mit Dativ (Ort, wo?) mit Akkusativ (Richtung, wohin?)	*Das Bild hängt an der Wand.* *Sie hängt das Bild an die Wand.*	*an, auf, hinter, in, neben, über, unter, vor, zwischen*
lokal: **temporal:**	mit Dativ mit Dativ oder Akkusativ	*ab unserem Werk;* *ab erstem/ersten Juli*	*ab*
im Allgemeinen mit Genitiv; mit Dativ, wenn Wortformen nicht als Genitiv erkennbar sind oder die Präpositionalgruppe einen weiteren Genitiv enthält		*abzüglich der bezahlten Kosten* *abzüglich Steuerfreibeträgen* *während Herrn Meiers langem Vortrag*	*abzüglich, zuzüglich, ausschließlich, einschließlich, außerhalb, innerhalb, mangels, mittels, trotz, während, wegen*

■ Präpositionen, die den gleichen Fall regieren, können gereiht und auf ein Substantiv oder Pronomen bezogen werden.	*Sie suchte in und unter dem Schrank.* *Vor, hinter und neben dem Minister drängten sich die Reporter.* *Diesseits und jenseits der Grenze herrschte reger Verkehr.*
■ Bei unterschiedlicher Rektion wählt man den Fall der zuletzt stehenden Präposition.	*Kommt ihr mit oder ohne (+ Akk.) Kinder?* *Sie kommen teils ohne, teils mit (+ Dat.) Kindern.*

Die Stellung der Präposition

■ Die meisten Präpositionen stehen vor dem regierten Wort.	*für mich, nach Feierabend, im Auto*
■ Einige Präpositionen können vor oder hinter dem regierten Wort stehen.	*wegen der Kinder/der Kinder wegen, nach meiner Meinung/meiner Meinung nach, entlang dem Fluss/des Flusses (Dativ/Gen.)/den Fluss entlang (Akk.)*

■ Einige wenige Präpositionen werden nur nachgestellt; »Doppelpräpositionen« umschließen das regierte Element.	*dem Pressesprecher zufolge, der Wahrheit halber* *um des lieben Friedens willen, von morgen an*

Verschmelzung von Präposition und Artikel

■ Einige Präpositionen können mit Formen des Artikels zu einer Wortform verschmelzen.	*an/in + dem → am/im, bei + dem → beim, an/in + das → ans/ins, von + dem → vom, zu + dem/der → zum/zur*
■ In vielen Fügungen und festen Wendungen sind nur die verschmolzenen Formen möglich.	*am schönsten sein, zum Tanzen auffordern, im Juli beginnen, aufs Ganze gehen, hinters Licht führen*

Konjunktionen (Bindewörter)

Konjunktionen gehören zu den unveränderlichen Wörtern. Sie verbinden Sätze und Teile von Sätzen miteinander. Es gibt nebenordnende Konjunktionen *(und, oder, aber, denn)* und unterordnende Konjunktionen *(weil, obwohl, dass, ob)*. Konjunktionen stellen eine bestimmte inhaltliche Beziehung zwischen den verbundenen Sätzen bzw. Satzteilen her. Neben einfachen Konjunktionen wie *oder, aber, ob* gibt es mehrteilige wie z. B. *sowohl – als auch, entweder – oder.*

Unterordnende Konjunktionen	
■ gleichrangige Haupt- und Nebensätze	*Es klingelte an der Tür, aber sie machte nicht auf.* *Wir hoffen, dass es dir gut geht und (dass) dir der Aufenthalt gefällt.*
■ Wortgruppen	*sowohl in Rom als auch in Paris; durch List oder durch Gewalt;*
■ Wörter	*auf und ab; arm, aber glücklich; rechts oder links;*
■ Wortteile	*West- und Osteuropa; be- oder entladen.*

Zu den nebenordnenden Konjunktionen gehören *als* und *wie*, wenn sie bei den Vergleichsformen des Adjektivs stehen.	*Er ist ein besserer Schüler als sein Freund. Heute ist das Wetter nicht so schön wie gestern.*

Unterordnende Konjunktionen

■ Unterordnende Konjunktionen wie *dass, weil, nachdem, bis* schließen einen Nebensatz an einen Hauptsatz an; das Verb steht am Ende.	*Er konnte nicht glauben, dass das schon die Entscheidung gewesen sein sollte. Es dauerte lange, bis das nächste Tor fiel.*
■ *um zu, ohne zu, (an)statt zu* leiten Nebensätze ein, in denen das Verb im Infinitiv steht.	*Die Mannschaft kämpfte, um das Spiel herumzureißen. Sie kämpfte, ohne zum Erfolg zu kommen.*

Bei den **nebenordnenden Konjunktionen** unterscheidet man vier Bedeutungsgruppen:	*Reihung, Zusammenfassung*	*und, (so)wie, sowohl – als/wie, sowohl – als auch/wie auch*
	verschiedene Möglichkeiten	*oder, entweder – oder, bzw. (= beziehungsweise)*
	Gegensatz, Einschränkung	*aber, (je)doch, allein, sondern*
	Grund	*denn*
Die wichtigsten Bedeutungsgruppen der **unterordnenden Konjunktionen** sind:	*Zeit (temporal)*	*als, nachdem, bis, während, ehe, bevor, sobald, solange, wenn*
	Grund (kausal)	*weil, da, zumal*
	Zweck (final)	*damit, dass, um zu*
	Bedingung (konditional)	*wenn, falls, sofern, soweit*
	Gegensatz (konzessiv)	*obwohl, obgleich, obschon, wenn auch*
	Art und Weise (modal)	*indem, wie, als ob, ohne dass*
	ohne eigene Bedeutung	*dass, ob*

Interjektionen (Ausrufe-, Empfindungswörter)

Interjektionen stellen eigene, selbstständige Äußerungen dar und stehen im Satz isoliert. Sie kommen vor allem in gesprochener Sprache vor und drücken oft eine Empfindung oder eine Haltung des Sprechers aus (Überraschung, Freude, Überlegen, Zögern, Schreck). Man unterscheidet:

Empfindungswörter	*ach, ah, au, hurra, igitt, oh*
Aufforderungswörter	*hallo, he, heda, tschüs, dalli, hü, pst*
Lautnachahmungen	*haha, hatschi, miau, kikeriki, peng, klirr*
Gesprächswörter	*hm, ja, aha, genau, richtig, bitte?, was?*
Antwortpartikeln	*ja, nein, doch*

Sätze

Sätze sind selbstständige sprachliche Einheiten, aus denen Texte bestehen. Nach Form und Äußerungsabsicht unterscheidet man:

Aussagesätze	
In Aussagesätzen steht die Personalform des Verbs an zweiter Stelle.	*Wir fahren heute Nachmittag nach Frankfurt.* *Stephan kommt heute aus Rostock zurück.* *Das ist ja toll!*
Fragesätze	
Entscheidungsfragen (Antwort: ja/nein) beginnen mit der Personalform des Verbs.	*Fährst du zum Zoo? Kann ich auch mitkommen?*
Ergänzungsfragen (Antwort: Einzelheiten zu einem Sachverhalt) beginnen mit einem Fragewort.	*Womit fahrt ihr denn? Über wen sprecht ihr?*
Aufforderungssätze	
Sie beginnen mit der Befehlsform (Imperativ) des Verbs.	*Fahr doch endlich! Seid möglichst pünktlich!*
Bezieht sich der Sprecher in die Aufforderung mit ein oder siezt er die angesprochene Person, steht das Verb im Konjunktiv I Präsens.	*Seien wir doch ganz ehrlich! Seien Sie unbesorgt!*
Bei allgemeinen Aufforderungen steht das Verb meist im Infinitiv.	*Vor Gebrauch schütteln!*

Einfache und zusammengesetzte Sätze
Der Sprecher kann in einfachen Sätzen (Einzelsätzen) oder aber in zusammengesetzten Sätzen sprechen, wenn er komplexe Zusammenhänge ausdrücken will.

Einfacher Satz: Ein einfacher Satz enthält ein – und nur ein – Verb in der Personalform.	*Die Straße war sehr befahren.* *Sie wollte die Straße gerade überqueren.* *Da schaltete die Ampel auf Rot.*

Zusammengesetzter Satz:
Ein zusammengesetzter Satz besteht aus Teilsätzen (meist einem Hauptsatz und mindestens einem Nebensatz).

Die Ampel schaltete auf Rot, als sie gerade die Straße, die sehr befahren war, überqueren wollte.

Einfache Sätze

Bauteile des einfachen Satzes sind das Prädikat und die Satzglieder. Die Satzglieder kann man mit der Verschiebe- oder Umstellprobe ermitteln: Alle Wörter, die nur zusammen, als Block, verschoben werden können, bilden ein Satzglied. Satzglieder sind mit Wörtern und Wortgruppen austauschbar, die an der gleichen Stelle im Satz stehen können (Ersatzprobe).

Verschiebeprobe:

Nach einer Weile	*kommt*	*Pauls Schwester.*
Pauls Schwester	*kommt*	*nach einer Weile.*

Ersatzprobe:
Die Ersatzprobe zeigt, dass ein Satzglied immer nur durch ein Satzglied der gleichen Art ersetzt werden kann.

Pauls Schwester	*kommt*	*nach einer Weile.*
Elke	*kommt*	*später.*
Sie	*kommt*	*in einer Stunde.*

Das Prädikat (die Satzaussage)

Das Prädikat ist das Zentrum des Satzes; mit ihm wird etwas über Gegenstände (Personen oder Sachen) ausgesagt. Es enthält notwendig ein Verb in der Personalform (finites Verb); diese Verbform stimmt nach Person und Zahl mit dem Subjekt, dem Satzgegenstand, überein **(Kongruenz).**

Kongruenz Subjekt – Prädikat	*Peter (3. Pers. Sg.) hilft (3. Pers. Sg.) seinem Vater.* *Wir (1. Pers. Pl.) helfen (1. Pers. Pl.) unseren Freunden.*
Das Prädikat kann einteilig oder mehrteilig sein.	*Personalform* … *Restform (Infinitiv, Part. II)* *Peter* *hilft* *seinem Vater* – *will* … *helfen.* *hat* … *geholfen.*
Zum Prädikat gehört auch die Prädikativergänzung bei Verben wie *sein, werden.*	*Peter wird Arzt.* *Sein Vater ist schon alt.*

Die Ergänzungen (Subjekt und Objekte)

Die Satzglieder, die das Prädikat »ergänzen«, d. h. zum Satz vervollständigen, nennt man **Ergänzungen** (z. T. auch **Objekte**). Welche Ergänzungen notwendig sind, damit ein grammatisch vollständiger Satz entsteht, hängt vom Verb ab; fast immer ist zumindest ein Subjekt (eine Ergänzung im Nominativ) gefordert.

Subjekt (Satzgegenstand) (Fragewort: wer?/was?): Als Subjekt steht meist ein Substantiv bzw. eine Substantivgruppe oder ein Pronomen. Das Subjekt kann auch aus einem Satz oder einer Infinitivgruppe bestehen.	*Politik/diese ganze Sache/das interessiert mich nicht.* *Ob sie kommt/Wann sie kommt, interessiert mich nicht. Sie kennengelernt zu haben, war sehr interessant.*
Akkusativergänzung (Akkusativobjekt) (Fragewort: wen?/was?): Als Akkusativergänzungen kommen vor allem Substantivgruppen und Pronomen vor, bei bestimmten Verben auch Nebensätze. Einige Verben können nur mit einer »persönlichen« Akkusativergänzung stehen.	*Der Junge ruft den Hund/die Kinder/ihn.* *Ich weiß, dass er teilnimmt/was los ist.* *Mich friert. Es ekelt ihn.*

Dativergänzung (Dativobjekt) (Fragewort: wem?): Als Dativergänzungen kommen fast nur Substantivgruppen und Pronomen vor.	*Sie hilft ihrem Freund/den wilden Tieren/ ihm.*
Genitivergänzung (Genitivobjekt) (Fragewort: wessen?): Nur wenige Verben stehen mit einer Genitivergänzung. Sie erscheint als Substantivgruppe oder Pronomen, selten auch als Nebensatz oder Infinitivgruppe.	*Wir gedenken des Verstorbenen.* *Er enthielt sich eines Urteils.* *Er befleißigt sich großer Zurückhaltung.* *Sie vergewissert sich, ob alles in Ordnung ist.*
Präpositionalergänzung (Präpositionalobjekt) (Präposition + Fragewort): Die Präpositionalergänzung hat – im Unterschied zu adverbialen Ergänzungen – eine feste, nicht austauschbare Präposition. Sie kommt in Form einer Präpositionalgruppe oder eines Präpositionaladverbs vor. Das Präpositionaladverb kann auf einen nachfolgenden Nebensatz verweisen.	*Die Spieler warten auf den Anpfiff.* *Sie kümmert sich um die Gäste.* *Ich denke oft daran.* *Er begnügt sich damit, dass er schweigt.*
Adverbiale Ergänzungen	
■ Raumergänzung (Fragewort: wo?, wohin?, woher?):	*Sein Onkel wohnt in Bremen/ fährt dorthin/kommt aus München.*
■ Zeitergänzung (Fragewort: wann?, wie lange?):	*Das Unglück geschah frühmorgens.* *Die Sitzung dauerte drei Stunden.*
Prädikativergänzung (Prädikatsnomen) (Fragewort: was?, wie?): Eine Prädikativergänzung haben bedeutungsarme Verben wie *sein, werden, bleiben.* Sie erscheint hauptsächlich als Substantiv oder Adjektiv (bzw. als entsprechende Wortgruppe).	*Inge ist/wird/bleibt Vorsitzende (des Vereins).* *Sie war schon immer (sehr) tüchtig.*

Angaben (Umstandsangaben/adverbiale Bestimmungen)
Der Sprecher kann in einen Satz, in dem alle notwendigen Rollen besetzt sind, zusätzlich Angaben einfügen, die das Verb oder den ganzen Satz genauer bestimmen. Im Gegensatz zu den adverbialen Ergänzungen, die vom Verb gefordert werden und notwendige Satzglieder sind, handelt es sich bei den adverbialen Angaben um freie Satzglieder. Sie kommen als Adverbien und Präpositionalgruppen vor, sehr häufig auch in Form von Sätzen (Adverbialsätzen). Man unterscheidet grob vier Hauptgruppen von Angaben:

Raumangaben (Lokalangaben) Ort, Erstreckung (wo?, wie weit?)	*Sie traf ihn auf dem Markt.* *Er ist den ganzen Weg zu Fuß gegangen.*
Zeitangaben (Temporalangaben) Zeitpunkt, Dauer, Häufigkeit (wann?, wie lange?, wie oft?)	*Heute regnet es.* *Gestern hat es den ganzen Tag geregnet.* *Das sagst du jetzt zum dritten Mal.*
Angaben des Grundes (Kausalangaben) Grund, Bedingung, Zweck u. Ä. (warum?, wozu?, ...)	*Die Straße ist wegen Bauarbeiten gesperrt.* *Bei Regen findet das Konzert im Saal statt.* *Wir fahren zur Erholung ans Meer.* *Er ging trotzdem zur Arbeit.*
Angaben der Art und Weise (Modalangaben) Qualität, Grad, Mittel u. Ä. (wie?, wie sehr?, womit?, ...) Bestimmte Modalangaben beziehen sich nicht auf das Geschehen, sondern geben eine Einschätzung oder Bewertung des Sprechers wieder.	*Er singt laut und falsch.* *Das hat uns ziemlich/sehr geärgert.* *Sie brät alles mit Öl.* *Er kommt vielleicht später noch.* *Hoffentlich ist niemand verletzt.* *Unsere Mannschaft hat leider verloren.*

Die Wortstellung
Die Bedeutung eines Satzes ergibt sich aus seinen einzelnen Teilen und ihrer Anordnung (Wortstellung). Mit Wortstellung ist nicht die Stellung einzelner Wörter, sondern die **Satzgliedstellung** und die Stellung des Prädikats gemeint.

Im Unterschied zu anderen Sprachen hat das Deutsche eine relativ freie Wortstellung. Vor der Personalform des Verbs im Aussagesatz kann jedoch immer nur ein Satzglied stehen.

Heute liefert die Spedition die neuen Möbel an.
Die Spedition liefert heute die neuen Möbel an.
Die Spedition liefert die neuen Möbel heute an.

Die Stellung des Prädikats und die Satzklammer

Im einfachen Aussagesatz steht als zweites Satzglied die Personalform (finite Form) des Verbs. Ändert man die Zweitstellung der Personalform des Verbs im Satz, verändert sich auch die Satzart.

	Fragesatz **Aufforderungssatz**	**Aussagesatz**	**Nebensatz**
Spitzenstellung	*Kommt Elke später?* *Komm später, Elke!*		
Zweitstellung		*Elke kommt später.*	
Endstellung			*(Ich vermute,) dass Elke später kommt.*

Man nennt die auseinandertretenden Prädikatsteile die **Satzklammer (Verbklammer).** In Nebensätzen besteht sie aus der einleitenden Konjunktion und dem Prädikat.

Ist er heute wieder nicht erschienen?
... weil er heute wieder nicht erschienen ist.

Zusammengesetzte Sätze

Ein zusammengesetzter Satz besteht aus zwei oder mehr Teilsätzen, die nebenordnend (in einer Satzreihe) oder unterordnend (in einem Satzgefüge) miteinander verknüpft sein können.

■ Nebenordnung	*Sie war krank, deswegen konnte sie nicht kommen.*
■ Unterordnung	*Weil sie krank war, konnte sie nicht kommen.*
Satzreihe Eine Satzreihe besteht aus zwei oder mehreren Hauptsätzen.	*Am Sonntag fuhren wir nach Frankfurt, denn wir wollten zum Flughafen. Wir kamen um 15 Uhr an und gerade landete die Maschine aus München. Vertrauen ist gut, Kontrolle ist besser.*
Satzteile, die den aneinandergereihten Sätzen gemeinsam sind, können im angeschlossenen Satz (manchmal auch im ersten Satz) weggelassen werden.	*Er geht auf das Gymnasium und sein Bruder geht auf die Realschule. – Er geht auf das Gymnasium und sein Bruder auf die Realschule.*
Satzgefüge Ein Satzgefüge besteht aus einem Hauptsatz und mindestens einem Nebensatz.	*Am Sonntag fuhren wir nach Frankfurt, weil wir zum Flughafen wollten.*
Kommen mehrere Nebensätze im Satzgefüge vor, kann es verschiedene Stufen und Grade der Unterordnung geben.	*Der Fahrer des Unfallwagens hatte zu spät gebremst, weil er glaubte, dass er Vorfahrt vor dem Wagen, der von links kam, hätte.*
Dem Hauptsatz können auch zwei oder mehrere gleichrangige Nebensätze untergeordnet sein.	*Er ging nach Hause, weil es schon spät war und weil er noch zu tun hatte.*

Grundsätzlich gibt es drei Möglichkeiten der Stellung von Nebensätzen im Verhältnis zum Hauptsatz:

■ vorangestellt	*Wer einmal hier gewesen ist, kommt immer wieder.*
■ nachgestellt	*Ich will wissen, was hier gespielt wird.*
■ eingeschoben	*Die CD, die du mir geschenkt hast, gefällt mir.*

Nebensätze

Nebensätze sind unselbstständige Teilsätze. Sie können nur zusammen mit dem Hauptsatz, dem sie untergeordnet sind, eine Äußerung bilden. Nebensätze vertreten unterschiedliche Satzteile des übergeordneten Satzes; danach unterscheidet man **Ergänzungssätze, Adverbialsätze** und **Attributsätze.** Sie kommen in verschiedenen Formen vor:

■ **Konjunktionalsatz** (Einleitungswort: unterordnende Konjunktion)	*Es ist nicht sicher, ob er spielen kann.* *Wenn es regnet, fällt das Spiel aus.*
■ **Relativsatz** (Einleitungswort: Relativpronomen)	*Siehst du den Mann, der dort arbeitet?*
■ **indirekter Fragesatz,** *w*-Satz (Einleitungswort: *w*-Wort)	*Ich habe gesagt, was ich weiß.*
■ **Satz mit Verbzweitstellung**	*Er behauptet, er sei krank.*
■ **Infinitivgruppe**	*Ich freue mich, euch wiederzusehen.*
■ **Partizipialgruppe**	*Vor Anstrengung keuchend konnte er …*

Ergänzungssätze

Ergänzungssätze vertreten ein notwendiges Satzglied, eine Ergänzung, des Hauptsatzes. Man unterscheidet Subjektsätze und Objektsätze. Am häufigsten kommen Objektsätze in der Funktion eines Akkusativobjekts (einer Akkusativergänzung) vor.

Funktion des Nebensatzes	
■ Subjekt (wer oder was?)	*Dass du mich besuchen willst, freut mich. Ob er kommt, ist völlig ungewiss.*
■ Akkusativergänzung (wen oder was?)	*Er sagt, dass er krank sei. Ich weiß, wo sie wohnt. Sie beschloss, eine Pause zu machen. Er sagte, Peter sei krank. Ich glaube, sie wohnt in Berlin.*
■ Genitivergänzung (wessen?)	*Peter rühmt sich, dass er unschlagbar sei. Peter rühmt sich unschlagbar zu sein.*
■ Dativergänzung (wem?)	*Sie hilft nur, wem sie helfen will.*
■ Präpositionalergänzung	*Er kümmert sich darum, dass nichts verloren geht.*
■ Prädikativergänzung	*Peter ist [das], was er schon immer war.*

Adverbialsätze

Ein Adverbialsatz liegt vor, wenn eine adverbiale Angabe (Umstandsangabe) in Form eines Satzes auftritt. Man unterscheidet:

Temporalsätze	
Die Zeitform des Verbs und bestimmte Konjunktionen zeigen an, ob das Geschehen des Nebensatzes	
■ vor dem Hauptsatzgeschehen liegt (Vorzeitigkeit: *nachdem, als, seit[dem]*);	*Nachdem er die Bestellung zusammengestellt hat, füllt er den Lieferschein aus.*
■ parallel zum Hauptsatzgeschehen abläuft (Gleichzeitigkeit: *als, während, wenn, wie, sobald, solange*);	*Als er das Fenster öffnete, verursachte er einen gewaltigen Durchzug.*
■ nach dem Hauptsatzgeschehen abläuft (Nachzeitigkeit: *bevor, ehe, bis*).	*Bevor wir verreisen, müssen wir noch manches erledigen.*
Kausalsätze (Begründungssätze)	
Kausalsätze werden mit *weil* oder *da* eingeleitet.	*Er kann nicht kommen, weil er keine Zeit hat.* *Da er verreist war, konnte er nicht kommen.*
Konditionalsätze (Bedingungssätze)	
Konditionalsätze werden vor allem mit *wenn* und *falls* eingeleitet.	*Wenn das wahr ist, dann müssen wir uns beeilen.* *Falls die Tür geschlossen ist, geh durch den Hof.*
Konzessivsätze (Einräumungssätze)	
Konzessivsätze werden mit *obwohl, obgleich, obschon, wenn auch* eingeleitet.	*Obwohl/Obgleich er nur wenig Zeit hatte, kam er.* *Sie geht ins Büro, obwohl/obgleich sie krank ist.*
Konsekutivsätze (Folgesätze)	
Konsekutivsätze stehen immer hinter dem Hauptsatz; einleitende Konjunktion ist vor allem *(so)dass.*	*Sie sangen, dass sie heiser wurden.* *Die Sonne blendete ihn, sodass er nichts sah.*

Finalsätze (Absichtssätze)	
Finalsätze werden meist mit *damit* oder *um zu* + Infinitiv eingeleitet.	*Er beeilte sich, um pünktlich zu sein.*

Modalsätze	
Modalsätze sind Nebensätze, die die Art und Weise, auch das Mittel oder die Begleitumstände einer Handlung erläutern; die typische Konjunktion ist *indem*. Zu den Modalsätzen zählen auch Vergleichssätze.	*Er begrüßte ihn, indem er sich verbeugte.* *Er machte sich bemerkbar, indem (dadurch, dass) er schrie.* *Er ist so groß, wie sein Vater ist.*

Attributsätze

Ein Attributsatz ist ein Nebensatz, der nicht ein ganzes Satzglied, sondern nur einen Teil, und zwar ein Attribut (Beifügung), vertritt.

Relativsatz		
Der Relativsatz ist die wichtigste Form des Attributsatzes; er wird durch ein Relativpronomen eingeleitet, das in grammatischem Geschlecht und Zahl mit dem Bezugswort des Hauptsatzes übereinstimmt und sich im Fall (Kasus) nach dem Verb des Relativsatzes richtet; der Relativsatz steht unmittelbar hinter dem Bezugswort.	*Ich kenne den Mann nicht,*	*der (Subjekt) dort steht.*
		dem (Dativergänzung) Gaby gerade zulächelt.
		den (Akkusativergänzung) du mir gezeigt hast.
		mit dem (Präpositionalergänzung) Eva spricht.
Manche Relativsätze drücken einen neuen Gedanken aus, der sich auf den gesamten im Hauptsatz genannten Sachverhalt bezieht **(weiterführender Relativsatz).**	*Wir wollten unsere Lehrerin besuchen, die aber nicht zu Hause war. Ich komme aus der Stadt, wo ich Zeuge eines Unglücks gewesen bin.*	

Andere Formen des Attributsatzes	
Bezugswort ist oft eine Substantivbildung von einem Verb; es kommen die gleichen Formen wie bei Ergänzungssätzen vor.	*Mein Entschluss, das Spiel abzubrechen, stand fest.* *Die Vermutung lag nahe, dass der Spion zu den engsten Mitarbeitern des Ministers gehörte. Seine Behauptung, er sei zu Hause gewesen, trifft nicht zu.*